高校体育教学风险防范现状与运动应急对策研究

孙丽娜　著

吉林大学出版社
·长春·

图书在版编目（CIP）数据

高校体育教学风险防范现状与运动应急对策研究 / 孙丽娜著. -- 长春：吉林大学出版社，2021.6

ISBN 978-7-5692-8617-5

Ⅰ. ①高… Ⅱ. ①孙… Ⅲ. ①体育教学—风险管理—研究—高等学校②运动训练—突发事件—应急对策—研究—高等学校 Ⅳ. ①G807.4

中国版本图书馆 CIP 数据核字（2021）第 154075 号

高校体育教学风险防范现状与运动应急对策研究
GAOXIAO TIYU JIAOXUE FENGXIAN FANGFAN XIANZHUANG YU YUNDONG YINGJI DUICE YANJIU

作　　者　孙丽娜 著
策划编辑　魏丹丹
责任编辑　徐佳
责任校对　王寒冰
装帧设计　李海丰
出版发行　吉林大学出版社
社　　址　长春市人民大街 4059 号
邮政编码　130021
发行电话　0431-89580028/29/21
网　　址　http：//www.jlup.com.cn
电子邮箱　jdcbs@jlu.edu.cn
印　　刷　长春第二新华印刷有限责任公司
开　　本　787mm×1092mm　1/16
印　　张　9.75
字　　数　210 千字
版　　次　2022 年 5 月　第 1 版
印　　次　2022 年 5 月　第 1 次
书　　号　ISBN 978-7-5692-8617-5
定　　价　38.00 元

序　言

习近平总书记在教育文化卫生体育领域专家代表座谈会上的讲话（2020年9月22日）中指出：“要坚持健康第一的教育理念，加强学校体育工作，推动青少年文化学习和体育锻炼协调发展。”体育教学是按一定计划和课程标准进行有目的和有组织的教育过程。体育教学由教师和学生共同参与，其任务是向学生传授体育知识、技术与技能，增强其体质，培养其道德、意志、品质等。体育教学是学校体育实现的基本形式，是体育目标的实现途径之一。学生在体育活动中，因场地环境简陋、个人思想意识薄弱、身体素质较弱及活动保护不当等原因造成的事故时有发生，轻则挫伤、擦伤、关节损伤、肌肉抽筋及拉伤，重则骨折、呼吸紊乱、严重休克，甚至丧失生命。体育教学安全问题必须引起学校师生的足够重视，体育安全教育势在必行。

本书通过对教师与学生两类角色在体育教学中运动安全认知与运动风险防范能力现状进行分析，了解体育教师及学生的防范意识、防范能力，并提出在体育教学中运动伤害预防、运动损伤处理、应急处理能力培养的对策及建议。

本书为：1. 新常态下安全发展的社会理论创新研究，中央高校基本科研业务费，编号：3142018057；2. 2021年业务费重点项目专项经费01020276［2021年业务费重点项目项目专项基金（2021年安排基础科研业务费）］；3. 廊坊市哲学社会科学研究课题“健康中国视域下青年体育健康素养养成研究”（项目编号：2021047）；4. 煤炭高等教育“十四五”规划教材建设：《运动损伤与急救》阶段性成果；5. 校级一流线下课程建设：《运动解剖学》阶段性成果。

本书期望体育教师依据个人教育优势，将理论教学与实践训练更好地结合，在高校的体育教学中真正贯彻健康第一的教育理念，加强学校体育工作，推动青少年体育安全文化学习和体育锻炼协调发展，帮助学生在体育锻炼中享受乐趣、增强体质、健全人格、锻炼意志，将学生应急自救互救能力的培养融入体育教学中。学生能够通过对体育教育各环节中应急知识的学习，拥有较好的应急能力，不仅能够在面临危险情况时采取有效措施保护自己，同时能够在其他人遇到险情时提供合适帮助。

目　录

第一章　安全与风险概述 …………………………………………………………… (1)
第一节　安全与风险的概述 …………………………………………………… (1)
第二节　安全与风险的关系辨析 ……………………………………………… (3)
第三节　体育教学特征概述 …………………………………………………… (3)
第四节　高校体育教学伤害事故概述 ………………………………………… (7)
第五节　国内外关于体育教学安全与风险的现状分析……………………… (10)
第二章　高校体育教学安全与风险防范现状分析……………………………… (17)
第一节　高校体育教学中学生个人资料分析……………………………… (17)
第二节　当前高校体育教学中学生安全与风险防范意识现状……………… (20)
第三节　高校体育教学中教师个人情况分析……………………………… (34)
第四节　高校体育教学中教师安全与风险防范意识现状…………………… (36)
第五节　高校体育教学中教师安全与风险防范因素影响性分析现状……… (71)
第三章　高校学生运动安全认知与运动风险防范能力现状分析……………… (79)
第一节　被调查学生个人资料分析………………………………………… (79)
第二节　学生运动安全认知与风险防范能力的现状分析…………………… (80)
第三节　被调查学生体育课安全常识现状分析…………………………… (82)
第四节　被调查学生对运动防护知识的认知现状分析……………………… (87)
第五节　被调查学生运动风险识别及处理能力分析………………………… (94)
第四章　做好高校体育教育的医务监督，实现健康校园……………………… (99)
第一节　学生安全常识现状分析…………………………………………… (99)
第二节　体育教师做好体育课的医务监督 ………………………………… (100)
第三节　高校学生学会自我医务监督 ……………………………………… (107)
第五章　高校体育教学中的应急处理——运动伤病与防护 ………………… (109)
第一节　高校体育教学中应加强运动伤病与防护知识的教学 …………… (109)
第二节　高校学生应明确运动损伤相关概念 ……………………………… (110)

第三节　高校学生应具备常见运动损伤的应急处理能力 …………………… (113)
第四节　高校学生应掌握运动损伤的应急处理方法，具备自救及互救能力 ………………………………………………………………………… (114)
第五节　高校学生应了解体育教学中常见运动损伤 ………………………… (124)
第六节　高校学生应掌握常见的运动性病症的知识 ………………………… (126)
参考文献 ……………………………………………………………………… (135)
附录 …………………………………………………………………………… (137)
附件一　体育教学环节风险防范现状调查问卷（教师卷） ………………… (137)
附件二　体育教学环节风险防范现状调查问卷（学生问卷） ……………… (141)
附件三　高校学生运动安全认知与风险防范能力调查问卷 ………………… (145)

第一章　安全与风险概述

在日常生活中，我们经常会听到用“安全”和“风险”两个词来形容事件发生时的两种状态：安全即没有危险，未受到伤害，处在和谐的状态；危险即遭受损失、伤害，处在不利或毁灭的可能性状态。我们不断追求“安全”，规避“风险”，我们又不断处于“安全”与“风险”交替的状态之中。

第一节　安全与风险的概述

一、安全概念

安全通常指人没有受到威胁、危害、损失。人类整体与生存环境的和谐相处，互不伤害，不存在危险、危害的隐患，就是免除了不可接受的损害风险的状态。安全是在人类生产过程中，将系统的运行状态对人类的生命、财产、环境可能产生的损害控制在人类能接受水平以下的状态。

1. 安全教育

安全，是人类的本能欲望。中国人一向以安心、安身为基本人生追求，并以居安思危的态度促其实现，因而视安全为教育的一个重要环节。由于社会的进步，人类生活方式愈趋复杂，可能危害身体健康和生命安全的情况也随之增加。因此，国际社会呼吁各级学校加强实施安全教育，增设课程，并且与各有关课程及课外活动配合实施。其目标为：

第一，控制、预防、排除及避免意外伤害事件，以维护身体健康和生命安全。

第二，保持警觉心态，养成良好习惯，以确保生活的安全及工作的顺利。

第三，由个人身体、生命与生活之安全，进而达到团体活动、社会运作、国家生存之安全。

其要则为：

生活安全教育：包括衣、食、住、行、工作、运动、急救、护理、防病、防伤、防毒、防水、防火、防风、防电、防震等。

交通安全教育：由于道路交通状况复杂，应将其作为特别加强项目加以推行，以防止行路、乘车之意外事件。

学习并掌握应变避难、防空疏散等知识与技能。安全教育实施方式以教学活动为主，行政措施为辅。行政措施重在提供安全的设备与环境；教学则以心理态度之涵蕴、习惯行为之陶冶与知识技能之培养相辅并重。其预期教育效果，则寄望于个人安全、团体安全、社会安全、国家安全统整而远大目标之体现。

二、风险的概念

风险亦即危险，即遭受损失、伤害、不利或毁灭的可能性。

通俗地讲，风险就是发生不幸事件的概率。换句话说，风险是指一个事件产生我们所不希望后果的可能性，是某一特定危险情况发生的可能性和后果的组合。

从广义上讲，只要某一事件的发生存在两种或两种以上的可能性，那么就认为该事件存在风险。而在保险理论与实务中，风险仅指损失的不确定性。这种不确定性包括发生与否的不确定、发生时间的不确定和导致结果的不确定。

1. 风险的性质

风险具有客观性、普遍性、必然性、可识别性、可控性、损失性、不确定性和社会性。

风险因素：

风险因素是指能产生或增加损失概率和损失程度的条件或因素，是风险发生的潜在原因，是造成损失的内在或间接原因。

风险管理：

风险管理就是一个识别、确定和度量风险，并制定、选择和实施风险处理方案的过程。

风险管理过程：

风险管理过程包括风险识别、风险评价、风险对策、风险决策、风险检查五方面的内容。

2. 风险因素

风险因素是指促使某一特定风险事故发生、增加其发生可能性或扩大其损失程度的原因或条件。它是风险事故发生的潜在原因，是造成损失的内在或间接原因。例如，对于建筑物而言，风险因素是指其所使用建筑材料的质量、建筑结构的稳定性等；对于人而言，风险因素则是指健康状况和年龄等。

根据性质不同，风险因素可分为有形风险因素与无形风险因素两种类型。

其一，有形风险因素，也称实质风险因素，是指某一种本身所具有足以引起风险事故发生、增加损失机会或加重损失程度的因素。如一个人的身体状况、某一运动器材的位置、所用建筑材料的性质、地壳的异常变化、恶劣的气候、疾病传染等都属于实质风险因素。人类对于这类风险因素，有些可以在一定程度上加以控制，有些在一定时期内还是无能为力。

其二，无形风险因素。无形风险因素是与人的心理或行为有关的风险因素，通常包括道德风险因素和心理风险因素。道德风险因素，如体育比赛中恶意犯规，致使对方球员受伤；而心理风险因素指人的心理状态造成的影响，如比赛中因场边观众、场地灯光、对方选手而对己方选手造成的心理压力等。

一般来说，在风险因素的防范中，有形风险因素的可控性较强，而无形风险因素由于不可捉摸，所以不易控制。

第二节 安全与风险的关系辨析

如前所述，“安全”和“风险”是用以形容事件发生时的两种状态，而更多时候，我们将两者想象成事件完全相反的两面，殊不知，其实“安全”和“风险”两者还有千丝万缕的联系，事件的状态不会一成不变，而会在“安全”和“风险”两者之间进行动态波动。

第三节 体育教学特征概述

一、体育教学相关概念

体育教学是按一定计划和课程标准进行有目的和有组织的教育过程。体育教学由教师和学生共同参与，其任务是向学生传授体育知识、技术与技能，增强其体质，培养其道德、意志、品质等。它是学校体育实现的基本形式，是体育目标的实施途径之一。

（一）体育教学的发展

体育教学虽然古已有之，但只有在科技发展、生产力高度发达的背景下才能迅猛发展。20 世纪 90 年代以来，人类社会科技高速发展，信息化技术发展突出，人们工作和生活节奏明显加快，物质资源供应越来越充足，这样的发展一方面给人们带来了巨大的生活便利，提高了人民的生活水平、改善了人民的生活条件、提升了人民的生活质量；另一方面，快节奏的生活也造成了居民生活和工作的压力增加、情绪紧张，以及由生产的自动化和智能化而引发的人民大众身体活动减少，身体健康状况下降。

20世纪70年代，联合国教科文组织对现代教育提出了适应社会发展和需要的人才培养要求，即“健全的体魄，高尚的道德情操，丰富的科学文化知识”，第一次在对人才的评价标准中，将体魄健全视为“三育”教育中的首要标准。

这一教育要求的提出无疑是将体育教学放在了教育中非常重要的位置，也完善了整个教育体系，由原来的注重智力的发展，发展为注重个人身体发展、品质提升。这一教育体系的变化广泛地引起了各国人们对体育教学的重视，各国也先后不同程度地展开了对体育教学内容、教材和教法的探索与改革。其中，日本的“快乐体育”、将运动素材转变为体育教材的结构研究和小集团教学法研究等，将体育教学和人格、个性培养的内在联系提高到了一个崭新的知识起点，引导着体育教学由简单的动作技能传授向促进人的身心和谐与健全的方向发展。

（二）体育教学的基本特点

1. 系统性

体育教学的对象是学生，体育教学的效果要在学生身上体现出来。学生具有很强的可塑性，体育教学的每一个构思和步骤都将直接影响学生成长。一个正确的教学效果在学生身上的体现，不仅包括外在肌肉的力量和肌肉线条的流畅、骨骼的完善发育、内脏器官的健全，而且也包括整体的匀称、协调发展，并且是按照生长发育的先后进行有序而全面地发展。

体育教学内外合一的健身系统性体现了身体发育的有序性和全面性。

2. 有序性

有序性表现在学生身体形态发展的“序”和身体主要器官发展的“序”。

3. 全面性

体育教学是增强学生的体质、提高其健康水平的过程，不仅可以使学生精力充沛地顺利完成各项学习任务，而且还具有奠定终身体质基础、延年益寿和提高民族素质的长期效益。

4. 统一性

体育对人自身自然的改造，不仅是形态结构与生理机能的统一，也是身与心的统一。体育教学要在追求学生身体改造的同时，注重学生的心理发展。因此，体育教学要善于营造不同于智慧教育的、生动活泼的教学气氛，为学生的心理健康发展提供良好的环境。要善于利用体育活动自身所蕴含的魅力，并通过合理的教学组织使这种吸引力倍增和放大。体育教学应该是一种快乐的教学，重过程的主动参与、重情绪的积极体验、重个性的独立解放，使人际关系宽松和谐，使学生在轻松明快的环境中，在欢快愉悦的心境下，自由自在、无忧无虑、不知不觉地获得身心的健康发展。

体育教学中身心合一的健身统一性体现在以下三个方面：

首先，在体育教学中选择教材不仅要注重教材对学生身体各部分、各种运动能力和各种身体素质的积极影响，而且要注重教材对学生心理的影响，尽可能从心理学、美学和社会学方面使学生得到良好的体验，在完成动作的过程中不知不觉地感受协调、默契、流畅和成功的欢喜与愉悦。

其次，体育教学的组织教法必须克服一体化的固定模式，体现体育教学生动活泼的教学形式，让学生活动得更自由、更开心、更充分，从而达到身心和谐和内外兼修的目标。

最后，在注重学生生理负荷起伏变化的同时，还要注重心理活动起伏变化的规律。在体育教学中，学生的身心同时参加活动。在反复的动作和休息交替的过程中，学生的生理机能变化有一般的规律：当进行练习时，生理机能开始变化，生理机能水平开始上升；达到一定水平后，保持一定时间，然后开始下降。在一定范围内，由于练习与休息进行合理的交替，所以学生的生理机能变化呈现出一种波浪式的曲线。与此相适应的，学生的心理活动（主要指思维、情绪、注意力、意志）也呈现出高低起伏的曲线图像。这种生理、心理负荷波浪式的曲线变化规律，体现了体育教学鲜明的节奏性和身心的和谐统一性。

二、体育教学过程的教育性

“教学过程永远具有教育性”，这是任何教学过程的一条基本规律。古今中外的体育教学，概莫能外。体育教学的教育性主要体现在都具备以下两个方面：

首先，在体育教学中组织每一项活动，均有一定的目的任务、组织原则、规则要求，需要学生学习和掌握相应的动作技术，以及克服各种各样的困难等，这些是构成体育环境的基本因素。学生在这一环境中进行学习、锻炼或参加比赛，就会受到直接影响。同时，体育环境还包括教师使用的教材、采用的教学方法、营造的教学环境、设置的教学条件、塑造的学校和班级风气等，这些都会有力地吸引，潜移默化地熏陶、感染和教育与之有关的人；提供了许多学生乐于自愿接受，更多情况下是不知不觉接受、有利于个性品质形成的机会和情景，并可促进良好的思想品德和个性品质迁移到学习、生活和工作等各个方面去，以收体育之效。

其次，在体育教学中，学生的思想感情和作风很容易自然地表现出来，有利于教育者把握学生的思想实际和特点，从而对他们进行有针对性的教育。在体育教学中，思想品德教育的内容是极其丰富的。概括地说，主要包括：培养热爱集体的情感和意识，培养团结友爱、关心他人、互助合作的思想和意识，培养竞争意识、胜不骄败不馁的精神，培养坚忍不拔、勇敢顽强、机智果断等优良意志品质，以及心情开朗和愉快活泼的良好性格。

三、体育教学的原则

（一）健康第一原则

体育作为一种特殊的教育方式，承载着人类对健康的永恒追求。学生是体育教学的重要目标群体，他们的健康状况更是关系到民族的未来。当前，我国各级学校都明确提出了“健康第一”的指导原则，提出要将学生的身体健康放在一切教育工作的首要位置，通过体育教学和学校体育锻炼，实现学生在身体、心理和社会适应能力方面的全面提高。

（二）因材施教原则

为了实现“将一切知识教给一切人”的人文主义教育目标，必须坚持因材施教的基本原则。具体到体育教育领域，就是要根据受教育对象的身体健康状况、体育基础、体育运动兴趣和爱好及现有的体育基础设施等各种因素，确立教学目标、选择教学内容和教学方法并加以实施。

（三）身心协调发展原则

体育教学过程必须坚持贯彻身心协调发展原则，培养德智体美全面发展的人。要坚持身心协调，就不应将教学重点仅仅放在学生身体层面，而更应当关注学生的心理层面，帮助学生形成健全的人格与良好的社会适应能力。我们既要促进学生身体形态的改善和身体技能的提升，又要对学生的心理、情感、意志品质等产生正面的影响。

（四）知识技能并重原则

体育教学通过学生的直接身体运动体验来使其获取体育知识和培养体育技能。对此，体育教师应当将知识传授与技能培养融为一体，既不能忽略基础知识的传授与掌握，也不能将教学仅仅停留在口头上，而应当将其内化为锻炼身体的良好技能，帮助学生形成终身体育的能力。

（五）终身体育能力原则

终身体育是法国教育家保罗·朗格朗（Paul Lengrand）在20世纪60年代提出的概念，指人的一生都要积极从事体育锻炼。在培养终身体育的意识与能力过程中，学校体育是最重要、最关键的环节。在系统的学校体育教学过程中，通过科学化的知识体系、系统化的课程结构、组织化的教学过程、专业化的师资队伍，可以为培养学生终身体育意识和能力奠定扎实的基础。

第四节　高校体育教学伤害事故概述

一、高校体育教学的困境

体育教学是按一定计划和课程标准进行有目的和有组织的教育过程。体育教学由教师和学生共同参与，其任务是向学生传授体育知识、技术与技能，增强其体质，培养其道德、意志、品质等。它是学校体育实现的基本形式，是体育目标实施的途径之一。在体育教学中，组织每一项活动均有一定的目的任务、组织原则、规则要求，均需要学生学习和掌握相应的动作技术，因而高校应开展适应其阶段且具有一定教育意义的体育教学活动。

高等院校是人才培育的主要场所，是学生由“自然人”成长为“社会人”的最后教育阵地。2004年8月29日，时任教育部部长周济在全国高校体育工作座谈会上提出：“高等学校体育工作的好坏直接影响到党的教育方针是否得到贯彻落实，关系到我国高级人才的培养质量，关系到我国大学生的身心健康。”

依据学生体质测试数据，在生活水平越来越高的今天，我国大学生体质在整体好转的情况下，个别指标仍不容乐观。例如，肺活量、体重指数一直处于较低水平，近视眼的发病率持续升高。基于对当前大学生运动不足和体质下降的隐忧，国内越来越多的高校重视学生平时的体育锻炼，希望提升学生体质。

2018年9月召开的全国教育大会号召“要树立健康第一的教育理念，开齐开足体育课，帮助学生在体育锻炼中享受乐趣、增强体质、健全人格、锤炼意志”，为学校体育的整体布局，指明了方向，明确了任务。

广东某高校为改善学生体质，要求学生每天走路步数达1万步以上，或在体育场馆锻炼不少于40分钟，而且每周锻炼需达标5次，未完成者将扣除体育成绩的10%。这项体育作业起到了督促大学生锻炼的作用。

浙江大学对 2018 级起的本科生体育课程教学实行改革，除了将原来每学期 36 课时的体育课提升至 54 课时，每天下午原本用于其他课程的“第十节课”统一安排为体育活动时间。还自行研发了一款跑步 App，用于学生锻炼时记录打卡。

尽管这在一定程度上增加了学生的运动量，但与之相对应，也增加了学生的运动风险，例如，学生体育锻炼猝死事件时有发生。

2012 年 11 月末上海某大学一男生在 1000m 体能测试中猝死后，2012 年 12 月，上海某学院一学生在篮球课上突然倒地，虽被紧急送医，但终因抢救无效去世。

2014 年 5 月 26 日晚，南昌某大学一名学生在校园跑步锻炼中突感不适，送医抢救后无效死亡。

2014 年 9 月 15 日位于宁波的某学院里，一名男生在参加 1000m 跑步测试中发生意外，最终倒在跑道上再也没起来。

2015 年 3 月 17 日，甘肃省某学院一名学生在学校操场上进行跑步训练时，突然倒地休克，随后抢救无效死亡。

2015 年 10 月 24 日下午，南京某大学一名大三男生在体育测试跑 1000m 时，跑到 700m 左右，猝然倒地，昏迷不醒。经抢救无效，不幸去世。

2016 年 3 月山东某高校学生，在上体育课时突发晕厥，体育老师及时施救并拨打 120，经医院紧急抢救无效，死亡。

2016 年 11 月，武汉一所大学大四某学生在做立定跳远项目时突然倒下，送往医院抢救无效，不幸辞世。同年，广东某大学一男生，在学校运动会上，跑完 800m 后，身体不适，瘫坐在地上，尽管被紧急送医，依然在急诊室内死亡。

2018 年上半年，天津某大学学生在校内参加体能测试时，突然倒地，送医抢救无效身亡。

以上这些事故为高校敲响了警钟。对此，各个高校在提升学生的身体素质的同时也应更加重视学生的运动安全问题，建立起相应的机制，防止运动伤害事件的不断发生，安全开展体育教学，防范学生运动风险，让学生健康锻炼。

二、体育教学运动伤害事故发生的影响因素分析

1. 思想不重视

教师或学生对运动伤害预防重要性的认识不足，未在思想上予以重视，在运动中麻痹大意。

2. 运动防护不够

在运动中，学生未采用运动防护，或采用运动防护不当或不足，教师在运动中

未采取有效的保护措施，导致运动损伤的发生。

3. 准备活动不足

（1）不做准备活动就进行激烈的体育运动，极易造成肌肉损伤、肌腱扭伤、韧带拉伤等运动伤害。

（2）准备活动敷衍了事，在运动系统和神经系统的功能尚未达到适宜水平时就进行运动，易对器官功能造成伤害。

（3）准备活动内容不得当或准备活动过量，致使准备活动无效或身体功能有所下降。

4. 运动中技术动作错误

有些损伤的发生是因为运动者违反体育运动规律，在运动过程中技术动作错误，举例来说，篮球运动员经常在处于膝关节半屈位（130°～150°）时左右移动，进攻、防守、踏跳、上篮，使膝关节发生屈曲、扭转、摩擦等，此时膝关节周围韧带及肌肉放松关节稳定性较弱，形成解剖弱点，易发生膝部软组织损伤（如韧带损伤、半月板损伤、髌骨软骨病），造成动作变形，引发运动损伤。

5. 体质和素质不佳

自身身体形态异常、身体机能弱、身体素质低的运动者在进行运动时易发生运动伤害事件。

6. 运动水平较差

运动者自身无运动史、参与运动时间不长，或运动水平较差，在参与长时间、高强度或难度较高的运动时比运动水平高的运动者发生运动伤害事故的可能性更高。当然如果以往有运动史，在伤病等原因的影响下很长时间未参与运动，之后再进行运动时，就需遵循循序渐进的原则恢复运动，否则也易发生运动损伤。

7. 心理状态不良

在体育运动中因为自身身体原因、他人影响或环境因素，运动者可能会出现急躁、恐惧、害羞、茫然等心理波动，而出现动作莽撞或不自量力，也容易导致伤害事故发生。

8. 气候不宜

不适宜的气候也是造成运动伤害事件的重要原因，过高或过低的温度、过大或过小的湿度、不良的通风、不适宜的亮度、空间不足、地面的软硬和光滑度的不适当都可能给运动过程带来隐患，易发生运动伤害事件。

9. 教学安排不当

在体育教学中，可能会因教师安排运动强度过大、运动量过大，导致学生出现体力不足，进而易发生运动损伤。

10. 违反体育精神

除以上因素以外，他人违反体育精神、职业道德，故意犯规，也是引发运动伤害的因素之一。

第五节　国内外关于体育教学安全与风险的现状分析

一、国外体育教学安全与风险管理研究现状

在国外专题数据库中，对“Physical Education”“Risk”进行检索，共计检索到相关文献一万多篇。进行梳理后发现真正与体育教学、教学风险挂钩的文献并不多，主要涉及以下几个研究方向。

（一）体育教学风险研究

Podstawski Robert 等人（2015）指出体育课安全隐患的成因可分为三类：教师原因、学生原因和技术性危害。体育课期间发生的事故数量仍然很多，最常见的伤害主要包括：上下肢骨折、脱臼、挫伤、肌腱炎、肌肉撕裂和割伤等。男孩比女孩更容易受伤。尽管体育课的安全规则是由具体的规章制度来规定的，但儿童的绝对安全永远得不到保证。为了减少事故的发生，教师不仅有义务遵守规范，而且有义务教孩子们遵守安全规则。

Zachary Wahl-Alexander 等人（2019）认为，入读风险学校的“危险”儿童人数正在迅速增加。随着这些环境变得越来越普遍，在这些环境下提供高质量的体育教学就更具挑战性。许多因素造成了危险，儿童在体育教育中求学经历不公平。研究表明，生活在低收入社区的儿童在童年和晚年都有更高的肥胖、心脏病和其他健康风险。因此，提高他们在体育方面的经验是有必要的，这也为体育教育工作者提供高质量的体育教育提出了更严峻的挑战。

Jan Wright 等人（2018）探讨了健康教育社会批判方法在理论与实际操作中的差距。认为教育工作者应更明确地在考虑社会背景、健康不平等和行为改变模式局限性的教育方法内开展教学工作。

(二) 运动竞赛风险研究

Adam John White 等人(2018)认为,橄榄球中的铲球符合 Molcho 和 Pickett 关于儿童不可接受风险的一些标准,认为橄榄球比赛中的铲球动作是不必要的。在社区比赛等情况下,如果孩子和他们的父母选择(明示和知情同意),且在同场教练持有橄榄球专项资格的环境下,可以允许青少年比赛中的拦截动作。

(三) 运动风险的医学观察

Sander Bliekendaal 等人(2018)通过对男性 170 人(占比 77%),女性 51 人(占比 23%)进行身体测量(身高、体重、脂肪百分比、3000m 跑试验、舟状骨下降试验、髋关节内外运动范围、髋关节内收和内收强度、单腿蹲和胫骨触诊)、问卷调查(年龄、运动参与、是否存在 MTSS、2016—2017 学年(10 个月)的运动历史、鞋垫使用和高跟鞋的使用情况。结果 55 例(占比 25%)受试者中,35 例(占比 21%)男性和 20 例(占比 39%)女性在随访期间出现了胫骨内侧应力综合征(MTSS)。相关危险因素为女性(*OR*=3.14,95%CI 1.39~7.11)、高于平均年龄(*OR*=0.31,95%CI 0.13~0.76)、高于平均体重指数(*OR*=2.29,95%CI 1.02~5.16)和 MTSS 病史(*OR*=5.03,95%CI 1.90~13.30)。得出女性 MTSS 发病率(39%)明显高于男性(21%)。得出性别、低于平均年龄、高于平均体重指数和 MTSS 病史与发展 MTSS 的风险增加相关等结论。

Reginald L(2009)对研究人群的运动能力进行评估发现,运动高峰时的最大耗氧量增加,最大耗氧量的增加转化为更有效的整体运动能力的提高。循环祖细胞数量和功能的损伤与动脉粥样硬化疾病风险的增加有关。干预人群中循环祖细胞的数量增加,表明增加体力活动可能在动脉粥样硬化的一级预防中起作用。

(四) 运动改善健康的研究

Abayomi, A. O. 等人(2012)采用配额抽样法,从 4 所学校中抽取 7 个系,包括厄瓜多尔奥约省 Emmanuel Alayande 教育学院的 956 名(910 名学生和 46 名教职员工)师生和 1436 名(1403 名学生和 33 名教职员工)校园参与者,总共 2392 名被调查者填写并返还问卷。使用的工具是世界卫生组织编制的经修改的全球体力活动问卷。调查结果显示,有 1680 人(占比 70.2%)意识到缺乏体育锻炼是导致寿命缩短的主要原因之一,多达 712 人(占比 29.8%)不知道,328(占比 13.7%)名受访者实际参与了建议的每周至少 150 分钟的中等强度有氧体育活动,或每周至少 75 分钟的高强度有氧体育活动,或中等强度和高强度活动的同等组合,这一比例较低。1208人（占比50.5%）每天看电视的时间少于一小时，568人（占比23.8%）每天花1～2小时看电视，616人（占比25.7%）每天看电视超过两小时。得出结论，高校学生体育锻炼水平较低，他们对健康风险行为的参与程度很高。

Michael Gard等人（2001）提出，在体育教学中，对肥胖话语的无条件接受有助于构建对身体的焦虑，这对学生是有害的，并使他们的思维方式和体育教学方式变得沉默。

二、国内体育教学安全与风险管理

在中国知网中，以“体育教学”“风险”为主题进行检索，检索到文献可大致分为以下几项研究方向：其中，中高等教育6篇、基础研究（社科）261篇、基础教育及职业指导124篇、政策研究（社科）20篇、行业指导（社科）39篇、工程技术（自然）8篇、政策研究（自然）1篇、基础与应用基础研究（自然）1篇。论文的发表年度始于2006年（1篇），之后2007年至2013年间发表较少（除2012年44篇），每年为14篇至39篇，2014年至2020年篇数在42篇到70篇之间。从每年的论文发表量来讲，国内对于体育教学的风险研究关注不高。

（一）教学安全现状方面的研究

学者杨桂其、沈惠红①以文献资料法、问卷调查法、数理统计法及逻辑分析法为研究方法，对江苏省大学生体育安全的现状进行了调查分析，以期能对江苏省高校体育安全建设的完善带来一定的助益。结果表明，江苏省高校在关于体育安全的宣传教育、管理、应急响应能力、制度建设及资源投入等方面，偏否定性选项所占的比例仍然过高，说明其在实践中尚存在诸多不完善的地方。大学生对于体育活动中的安全问题并没有足够的认识，其安全意识尚处于较为薄弱的状态。体育场地、设施、器材的更新换代速度难以跟上学生的增长速度。这些场地、设施、器材不断老化，对于后续的使用者来说其危险系数不断增大。

学者王岩芳、高晓春②采用文献资料法、统计分析法、逻辑归纳法等研究方法，对2006－2015年来的研究成果进行了梳理和分析，从成果的发表年份、研究人员的构成、研究方法的运用、研究内容的侧重等几个方面，总结了当前学校体育伤害事故的研究特点，并就该问题在研究方法、研究内容上的发展趋势做了展望，以期对

① 杨桂其，沈惠红．江苏省大学生体育安全现状调查分析［J］．体育科技文献通报，2019（2）：37－39＋41.

② 王岩芳，高晓春．我国学校体育伤害事故研究述评［J］．中国包装，2015（12）：53－58.

今后的研究工作提供借鉴和参考。

（二）运动风险认知与识别

学者张晓白、艾小龙、郝英[①]采用文献资料、问卷设计、实证调研等方法，从理论和实际两个层面，研究了运动风险具有客观、危害、可控、恐惧的基本特征；影响大学生运动风险发生的因素主要由运动风险七大因子构成：个体体质、运动经验、运动态度、运动知识、媒体传播、运动项目特征、体育设施等因子。探索运动风险因子的认知与识别研究可以为高校风险防控研究提供一定的理论与实践价值。

学者王丽也、宫爽[②]运用文献资料等方法对我国基础教育体育教学风险识别类型进行分析，提出对应策略。研究认为，我国基础教育体育教学风险识别分为准备阶段、基本阶段和结束阶段三个阶段；学校安全教育管理机制不健全、学生身体健康管理机制不完善和学生组织纪律管理缺乏监督；应着重加强学校安全管理工作、完善学校体育伤害保险机制、加强对校园环境风险因素的控制。

学者辛利梅[③]的研究表明，高校公共体育教学的运动风险主要包括教学内容和教学组织两个方面，按照风险因素进行分类，教学内容的风险是按照运动项目进行分类，教学组织风险则包括自然风险、经济风险、场地器材风险、人员风险等。并就风险的应对提出了自己的建议。

（三）事故现状、致因方面的研究

学者柳娟、蒋训雅、王攀[④]就线上体育课教学运动风险防控相关问题，对全国12所普通高校3547名学生和部分高校体育教师进行了问卷调查和访谈，发现有9.56%的学生在参加线上体育课时不同程度受伤。通过调查大学生参加线上体育课的实际情况，对体育远程教学运动风险进行分析并提出了建议，以期相关部门、学校、教师和学生承担起防范教学安全事故的责任和义务，针对性地制定科学、合理、有效的运动伤害事故风险防范规则，降低线上体育课发生伤害事故的风险概率。

学者杜娟、朱潇雨[⑤]认为在普通高校体育教学过程中，安全保障是极其重要的

---

① 张晓白，艾小龙，郝英．高校体育运动风险认知与识别研究［J］．湖北经济学院学报（人文社会科学版），2020（5）：155－157.

② 王丽也，宫爽．我国基础教育体育教学风险识别与应对策略［J］．当代体育科技，2019（12）：76＋78.

③ 辛利梅．高校公共体育教学中运动风险及对策研究［J］．武术研究，2018（1）：146－147.

④ 柳娟，蒋训雅，王攀．新冠肺炎疫情期间大学体育线上教学运动风险现状调查和对策思考［J］．青少年体育，2020（4）：18－20.

⑤ 杜娟，朱潇雨．普通高校体育教学安全的影响因素研究［J］．林区教学，2020（1）：106－108.

教学环节。通过相关的实践调研分析，得出影响普通高校体育教学安全的因素主要包括人文因素、物质因素、管理因素等方面。

（四）体育教学伤害事故的保障

学者郑红波[①]首先对体育伤害事故影响做出阐述，然后对高校体育伤害保障常见问题进行分析，针对此类问题产生的主要原因，结合实际情况对体育伤害保障促进高校体育教学模式的创新进行探讨，希望可以对业内研究起到一定的参考作用。

学者井红艳、张胜华、李良胤[②]采用文献资料法阐述生命安全教育的内涵，分析生命安全教育融入高校体育风险保障体系的意义，通过确立权责明确的领导体系、科学系统的管理制度体系、丰富多样的教学资源体系和切实有效的医疗保障体系，进而构建出基于生命安全教育的高校体育风险保障体系，期望通过基于生命安全教育的高校体育风险保障体系的研究为高校体育教学改革提供新视角和理论参考依据。

（五）新时期恶劣环境下体育教学的开展现状

学者常彦君、王进、许明、高飞[③]运用实地调查法、问卷调查法、文献资料法等，对河北地区雾霾天气下高校体育课教学所受的影响进行了调查，了解了高校体育教学的开展现状及存在的问题，本着正常进行体育教学的原则，积极应对雾霾问题，提出了新的应对办法，寻找新的健康体育教学路径。

（六）高校体育教学安全风险因素分析

学者董海洋[④]认为体育教学是高校教学中的重要组成部分，为中国培养综合型人才做出了巨大的贡献。在体育教学中，存在着较多的安全风险因素，很容易导致学生受到伤害，而这也是高校体育教学中需要尽快解决的一个问题。并围绕高校体育安全风险因素进行了简要的分析，提出了具体的管理方法。

学者范建伟[⑤]通过问卷调查、专家访谈等方法，分别从自然因素、主体因素、媒介因素、组织管理因素四个方面，对学校体育教学的风险进行识别，通过帕累托

---

① 郑红波．体育伤害保障促进高校体育教学模式的创新研究［J］．当代体育科技，2020（1）：177－178.

② 井红艳，张胜华，李良胤．高校体育风险保障体系构建研究——基于生命安全教育的视角［J］．哈尔滨体育学院学报，2016（5）：56－60.

③ 常彦君，王进，许明，等．河北地区雾霾天气下大学生健康路径研究［J］．廊坊师范学院学报（自然科学版），2019（4）：87－90.

④ 董海洋．高校体育安全风险因素及其管理探究［J］．九江学院学报（自然科学版），2018（2）：126－128.

⑤ 范建伟．普通高等学校体育教学风险管理研究［J］．体育科技文献通报，2017（5）：44－45＋93.

分析法对风险进行等级评估，其中器材、教师、场（馆）地、空气质量、责任制度、风险控制是主要因素，学生和教学管理是次要因素，场（馆）地空气质量是调查中突出关心的因素。风险应对分为风险前干预控制和风险后补救两个途径，但高校普遍应对措施单一，无法有效减少风险后损失，风险管理缺乏有效系统的评价及反馈机制。由此，建立完善的学校体育风险管理体系意义重大。

（七）体育教学风险评估、防控

学者佟刚①采用文献资料法、调查法及数理统计法对新疆维吾尔自治区内 10 所高职院校进行了体育风险调查评估，将高职院校体育教学风险划分为 4 种类型：教师因素、学生因素、环境因素和学校管理因素，以因子的特征根大于 1 为标准抽取 8 个因子以期找出其中主要的体育风险，为避免教学过程中不必要的伤害与规避体育教学风险提供一定的帮助。

学者陈晓春、于海浩②采用文献资料法、专家访谈法与逻辑分析法，对高校体育运动伤害风险防控进行了探究。结果发现，从伤害事故产生的缘由角度可将体育事故分为因校方责任造成事故、因学生责任造成事故、因混合责任造成事故、因不可抗力因素造成意外伤害事故。此外，学者还阐述了建立体育运动伤害风险防控制度，可提高师生体育安全意识，促使行政部门权责明确，增强师生及相关部门在运动伤害方面的应对能力；明确了高校体育运动伤害事故防控的指导思想和指导原则；建立了体育运动伤害事故的处理流程。

学者张朋、阿英嘎③运用文献资料、文件分析、比较研究等方法对《学校体育运动风险防控暂行办法》进行解读，该办法出台与《学校伤害事故处理办法》一脉相承，由整体到细节，实施程序上预防先于处理，使学校体育法规更加趋于完善。该办法呈现出了进一步提升学校体育工作的地位、明确学校体育风险管理多元主体及相应的职责细节、提出建立学生健康档案和组建学校体育运动伤害事故仲裁组织等诸多亮点，但亦存在警惕告知书滥用、政府与社会行为主体职责漏洞、某些条款不适等问题。针对这些问题，作者提出了落实办法的行动策略主要有制定风险管理计划、法律与风险意识教育、保险管理等。

---

① 佟刚．浅谈体育安全风险评估指标体系的构建——以新疆高职院校为例［J］．文化创新比较研究，2018（20）：140－141.

② 陈晓春，于海浩．高等学校体育运动伤害风险防控探究［J］．赤峰学院学报（自然科学版），2016（22）：104－105.

③ 张朋，阿英嘎．《学校体育运动风险防控暂行办法》的实施亮点、问题商榷与行动策略［J］．皖西学院学报，2015（6）：134－138.

三、国内外研究现状的总结

（一）国内外研究现状的比较分析

（1）由获得的文献可以看出，国内对体育风险相关研究非常多，研究的层次也更加丰富；国外的相关研究并不多，研究的层面也相对少一些。

（2）国外对运动人体科学与体育风险的分析及对教育厅体育专家领导风格与风险管理的关系研究这两个研究角度比较独特，而对比来看对于此方面的专门研究，国内则比较匮乏。

（二）以往研究的不足

以往研究更多是从整体去研究风险防范的体系、防范的机制及指标体系的构建，更集中于宏观的、纲领性的研究。

（三）本书研究的目的意义

本书主要以体育教学过程中的两大角色——教师和学生为对象进行研究。从研究教师及学生的风险意识、感受和看法入手，了解学生及教师的预防风险的能力和能力的培养现状，以期能在现实的体育教学实践中降低体育教学风险，实现对体育教学中学生身体的健康、运动技能的形成、体育相关专业知识及体育锻炼意识的培养。

第二章 高校体育教学安全与风险防范现状分析

第一节 高校体育教学中学生个人资料分析

一、被调查学生个人资料分析

1. 被调查学生性别分析

表 2-1 被调查学生性别分析表

被调查学生性别分布		人数/人	百分比/%	有效百分比/%	累计百分比/%
有效	男	1462	58.0	58.0	58.0
	女	1058	42.0	42.0	100.0
	合计	2520	100.0	100.0	

如表 2-1 所示，被调查的 2520 名大学生中男性大学生为 1462 人，占被调查学生比例 58.0%，女性大学生为 1058 人，占被调查学生比例 42.0%。男性大学生受调查者略多，总体持平。男女被调查大学生人数的相近，可以在后期的数据分析中较全面地反映出在校大学生的个人行为及看法。

2. 被调查学生年级分布分析

表 2-2 被调查学生年级分布表

被调查年级学生年级分布		人数/人	百分比/%	有效百分比/%	累计百分比/%
有效	大学一年级	1214	48.2	48.2	48.2
	大学二年级	1239	49.2	49.2	97.3
	大学三年级	64	2.5	2.5	99.9
	大学四年级	3	0.1	0.1	100.0
	合计	2520	100.0	100.0	

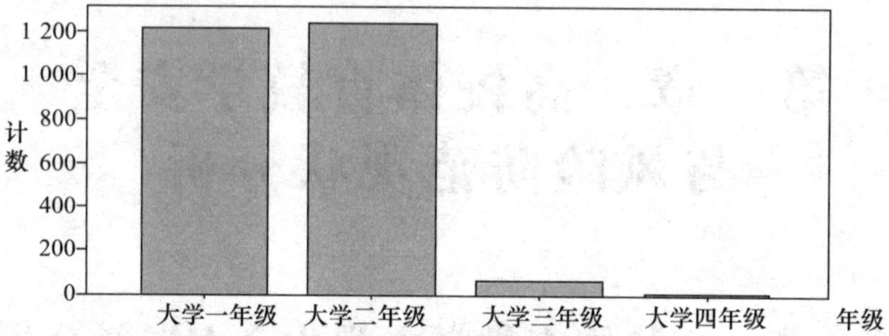

图 2-1 被调查学生年级分布图

由表 2-2 和图 2-1 可知，被调查大学生的年级分布差异较大。其中，大学一年级及大学二年级学生人数及所占比例较高，人数分别为 1214 人和 1239 人，比例分别为 48.2%、49.2%，两个年级被调查者占被调查总人数的 97.4%。原因主要是体育课中公共体育必修课教学主要在大学一年级和大学二年级开设，所以被调查者中绝大多数为这两个年级的学生，这样可以很好地反映出公共体育必修课的教学情况。另外，在所有年级中仍有一定比例的体育专业学生被调查者（数据见表 2-3，人数为 132 人，占比 5.2%），体育专业学生各年级都开设体育专业的课程，因而在被调查学生中有一定比例的大学三年级和大学四年级的学生，这样可以较客观地反映出体育专业的教学工作。

3. 被调查学生所属学院分析

表 2-3 被调查学生所属学院分布特征表

被调查学生院系部分布		人数/人	百分比/%	有效百分比/%	累计百分比/%
有效		2	0.1	0.1	0.1
	学生未填写	72	2.9	2.9	3.0
	安全工程学院	173	6.9	6.9	9.9
	理学院	53	2.1	2.1	12
	体育部	132	5.2	5.2	17.2
	艺术系	59	2.3	2.3	19.5
	学前教育学院	37	1.5	1.5	21.0
	化学与环境工程学院	277	11.0	11.0	32.0
	经济管理学院	333	13.2	13.2	45.2
	机电工程学院	178	7.1	7.1	52.3
	电子信息工程学院	355	14.1	14.1	66.4

续表

被调查学生院系部分布		人数/人	百分比/%	有效百分比/%	累计百分比/%
有效	建筑工程学院	228	9.0	9.0	75.4
	计算机学院	290	11.5	11.5	86.9
	文法学院	214	8.5	8.5	95.4
	外国语学院	117	4.6	4.6	100.0
	合计	2520	100.0	100.0	

如表 2-3 所示，学生分布院系分散，各类学院涉及文理工学科的学生都参加了本次调查，调查分析结果更具有科学性。

4. 被调查学生参与体育课运动项目特征分析

表 2-4　被调查学生参与体育课运动项目特征表

被调查学生参与体育课项目		响应		个案百分比/%
		N	百分比/%	
体育课运动项目[a]	A. 篮球	489	8.6	19.4
	B. 足球	299	5.3	11.9
	C. 排球	321	5.7	12.7
	D. 乒乓球	364	6.4	14.4
	E. 网球	426	7.5	16.9
	F. 羽毛球	363	6.4	14.4
	G. 形体	265	4.7	10.5
	H. 健美操	270	4.8	10.7
	I. 体育舞蹈	185	3.3	7.3
	J. 街舞	290	5.1	11.5
	K. 跆拳道	266	4.7	10.6
	L. 健身健美	237	4.2	9.4
	M. 武术	386	6.8	15.3
	N. 健身防卫	352	6.2	14.0
	O. 轮滑	245	4.3	9.7
	P. 攀岩与拓展	198	3.5	7.9
	Q. 游泳	454	8.0	18.0
	R. 体适能	133	2.3	5.3
	S. 其他	135	2.4	5.4
总计		5678	100.0	225.3

a. 值为 1 时制表的二分组

由表 2-4 可知，被调查学生参与所有开设的体育项目，其中以篮足排三大球（489人，8.6%；299 人，5.3%；321 人，5.7%）为主；其次是乒乓球、网球、羽毛球三小球选课学生（364 人，6.4%；426 人，7.5%；363 人，6.4%）较多，另外游泳（454 人，8.0%）、武术（386 人，6.8%）和健身防卫（352 人，6.2%）的参与学生人数也较多。

第二节　当前高校体育教学中学生安全与风险防范意识现状

一、学生对教学组织风险意识现状分析

1. 学生对教学组织风险中教师课前准备工作是否到位影响的认知分析

表 2-5　学生对教学组织风险中教师课前准备工作是否到位影响的认知分析表

影响程度		人数/人	百分比/%	有效百分比/%	累计百分比/%
有效	影响非常大	844	33.5	33.5	33.5
	影响比较大	809	32.1	32.1	65.6
	影响一般	597	23.7	23.7	89.3
	影响不是很大	164	6.5	6.5	95.8
	没影响	106	4.2	4.2	100.0
	合计	2520	100.0	100.0	

由表 2-5 可知，被调查学生认为的与教师的风险有关因素中课前准备工作的影响较大，其中认为影响非常大、比较大及一般的人数分别为 844 人、809 人及 597 人，占总参与调查人数的 33.5%、32.1%及 23.7%，合计为 89.3%，将近被调查人数的九成。可以认为教师的课前准备是学生认可的教学风险防范的重要因素。

2. 学生对教学组织风险中教师课前未进行健康检查行为影响的认知分析

由表 2-6 可知，被调查学生认为与教师有关的风险因素中教师未进行课前健康检查的影响较大，其中认为影响非常大、比较大及一般的人数分别为 845 人、834 人及 587 人，占总参与调查人数的 33.5%、33.1%及 23.3%，合计为 89.9%，占被调查人数的九成。因此，可以认为教师的课前健康检查是学生认可的教学风险防范的重要因素。

表 2-6　学生对教学组织风险中教师课前未进行健康检查行为影响的认知分析表

影响程度		人数/人	百分比/%	有效百分比/%	累计百分比/%
有效	影响非常大	845	33.5	33.5	33.5
	影响比较大	834	33.1	33.1	66.6
	影响一般	587	23.3	23.3	89.9
	影响不是很大	161	6.4	6.4	96.3
	没影响	93	3.7	3.7	100.0
	合计	2520	100.0	100.0	

3. 学生对教学组织风险中教师安全意识影响的认知分析

从表 2-7 可以看出，被调查学生认为体育教学环节中教师安全意识对安全风险的影响很大，共有 93%的被调查学生认为教师的安全意识对教学的风险影响为非常大（45.6%）、比较大（32.7%）和一般（14.7%）。其中值得注意的是，学生中认为影响非常大的比例接近 5 成，在所有被调查的教师方风险因素中占比最高，因此可以认为教师的安全意识是学生认为的教师方风险因素中最重要的因素（可以通过对比教师方安全风险的其他因素得出）。

表 2-7　学生对教学组织风险中教师安全意识影响的认知分析表

影响程度		人数/人	百分比/%	有效百分比/%	累计百分比/%
有效	影响非常大	1149	45.6	45.6	45.6
	影响比较大	825	32.7	32.7	78.3
	影响一般	370	14.7	14.7	93.0
	影响不是很大	94	3.7	3.7	96.7
	没影响	82	3.3	3.3	100.0
	合计	2520	100.0	100.0	

4. 学生对教学组织风险中教师专业技术能力不强影响的认知分析

由表 2-8 可知，被调查学生认为教师方安全风险因素中教师专业技术能力不强也是教学安全风险因素的重要部分，其中共有 92.7%的学生认为教师的专业技术能力不强对教学安全的风险影响非常大（39.2%）、比较大（33.6%）及一般（19.9%）。

表 2-8 学生对教学组织风险中教师专业技术能力不强影响的认知分析表

影响程度		人数/人	百分比/%	有效百分比/%	累计百分比/%
有效	影响非常大	987	39.2	39.2	39.2
	影响比较大	847	33.6	33.6	72.8
	影响一般	501	19.9	19.9	92.7
	影响不是很大	99	3.9	3.9	96.6
	没影响	86	3.4	3.4	100.0
	合计	2520	100.0	100.0	

5. 学生对教学组织风险中教师不善于发现安全隐患影响的认知分析

由表 2-9 可知，被调查学生认为体育教学环节中教师不善于发现安全隐患的影响程度非常高，总的影响程度高于教师的安全意识的影响程度，达到 94.1%，但是在影响非常大的一项中（42.4%）又略低于表 2-7 中教师安全意识的影响程度（45.6%）。可以得出结论：学生普遍认为教师不善于发现安全隐患对体育教学的安全风险影响较大。

表 2-9 学生对教学组织风险中教师不善于发现安全隐患影响的认知分析表

影响程度		人数/人	百分比/%	有效百分比/%	累计百分比/%
有效	影响非常大	1069	42.4	42.4	42.4
	影响比较大	900	35.7	35.7	78.1
	影响一般	402	16.0	16.0	94.1
	影响不是很大	71	2.8	2.8	96.9
	没影响	78	3.1	3.1	100.0
	合计	2520	100.0	100.0	

6. 学生对教学组织风险中教师保护工作不到位影响的认知分析

由表 2-10 可知，教师保护不到位在学生的意识中是比较有影响的教学风险安全因素，有总计 93.9%的学生认为其对体育教学安全风险有影响（非常大占 40.4%，比较大占 36.2%和一般占 17.4%）。

表 2-10　学生对教学组织风险中教师保护不到位影响的认知分析表

影响程度		人数/人	百分比/%	有效百分比/%	累计百分比/%
有效	影响非常大	1017	40.4	40.4	40.4
	影响比较大	912	36.2	36.2	76.5
	影响一般	438	17.4	17.4	93.9
	影响不是很大	80	3.2	3.2	97.1
	没影响	73	2.9	2.9	100.0
	合计	2520	100.0	100.0	

7. 学生对教学组织风险中上课纪律松散影响的认知分析

由表 2-11 可知，被调查学生认为上课纪律松散也会成为体育教学环节中的安全风险因素，其中 32.1%的学生认为影响非常大，30.6%的学生认为比较有影响，28.0%的学生认为影响一般，总比例为 90.8%。在所有被调查的教师安全风险因素中属于比例较小的。

表 2-11　学生对教学组织风险中上课纪律松散影响的认知分析表

影响程度		人数/人	百分比/%	有效百分比/%	累计百分比/%
有效	影响非常大	810	32.1	32.1	32.1
	影响比较大	772	30.6	30.6	62.8
	影响一般	705	28.0	28.0	90.8
	影响不是很大	152	6.0	6.0	96.8
	没影响	81	3.2	3.2	100.0
	合计	2520	100.0	100.0	

8. 学生对教学组织风险中教学秩序混乱影响的认知分析

由表 2-12 可知，被调查学生认为课堂中教学秩序混乱会对体育教学造成风险，其中认为对体育教学风险影响非常大、比较大及一般的比例分别为 36.9%、34.0%和 21.9%。同之前表格进行对比可以看出，被调查学生在课堂的纪律松散和教学秩序混乱的认识方面还是有一定差异，相比体育课堂纪律松散，学生认为教学秩序混乱对体育教学安全的影响更大。

表 2-12　学生对教学组织风险中教学秩序混乱影响的认知分析表

影响程度		人数/人	百分比/%	有效百分比/%	累计百分比/%
有效	影响非常大	929	36.9	36.9	36.9
	影响比较大	857	34.0	34.0	70.9
	影响一般	552	21.9	21.9	92.8
	影响不是很大	107	4.2	4.2	97.0
	没影响	75	3.0	3.0	100.0
	合计	2520	100.0	100.0	

9. 学生对教学内容难度大影响的认知分析

由表 2-13 可知，被调查学生认为教师的教学内容难度大也会较大程度地影响教学的安全性（总占比为 90.6%），较困难的教学内容、教学内容量大、技术动作较复杂都可能会导致完成动作的难度大，不易做到，无形中使得学生在学习过程中对自己身体的把控能力变弱，增加体育教学的风险。

表 2-13　学生对教学内容难度大影响的认知分析表

影响程度		人数/人	百分比/%	有效百分比/%	累计百分比/%
有效	影响非常大	680	27.0%	27.0%	27.0
	影响比较大	813	32.3%	32.3%	59.3
	影响一般	788	31.3%	31.3%	90.6
	影响不是很大	165	6.5%	6.5%	97.1
	没影响	74	2.9%	2.9%	100.0
	合计	2520	100.0%	100.0	

10. 学生对教师没有进行安全教育影响的认知分析

表 2-14　学生对教师没有进行安全教育影响的认知分析表

影响程度		人数/人	百分比/%	有效百分比/%	累计百分比/%
有效	影响非常大	857	34.0	34.0	34.0
	影响比较大	867	34.4	34.4	68.4
	影响一般	593	23.5	23.5	91.9
	影响不是很大	125	5.0	5.0	96.9
	没影响	78	3.1	3.1	100.0
	合计	2520	100.0	100.0	

由表 2-14 可知，学生们普遍认为教师进行安全教育是可以降低体育教学的风险的，有 91.9％的学生认为教师没有进行安全教育会对体育教学环节的安全性造成威胁。

11. 学生对教学差错影响的认知分析

表 2-15　学生对教学差错影响的认知分析表

影响程度		人数/人	百分比/％	有效百分比/％	累计百分比/％
有效	影响非常大	864	34.3	34.3	34.3
	影响比较大	855	33.9	33.9	68.2
	影响一般	606	24.0	24.0	92.3
	影响不是很大	124	4.9	4.9	97.2
	没影响	71	2.8	2.8	100.0
	合计	2520	100.0	100.0	

由表 2-15 可知，92.2％的被调查学生认为教学差错对体育教学的安全风险有影响。

12. 学生对教师方面风险因素分析

表 2-16　被调查学生对教师风险因素的认识表　（人/比例）

题目/选项	影响非常大	影响比较大	影响一般	影响不是很大	没影响
教师课前准备工作不到位	845（33.5％）	809（32.1％）	597（23.7％）	164（6.5％）	106（4.2％）
教师未进行课前健康检查	845（33.5％）	834（33.1％）	587（23.3％）	161（6.4％）	93（3.7％）
教师安全意识不强	1149（45.6％）	825（32.7％）	370（14.7％）	94（3.7％）	82（3.3％）
教师专业技术能力不强	987（39.2％）	847（33.6％）	501（19.9％）	99（3.9％）	86（3.4％）
教师不善于发现安全隐患	1069（42.4％）	900（35.7％）	402（16.0％）	71（2.8％）	78（3.1％）
教师保护工作不到位	1017（40.4％）	912（36.2％）	438（17.4％）	80（3.2％）	73（2.9％）
上课纪律松散	810（32.1％）	772（30.6％）	705（28.0％）	152（6.0％）	81（3.2％）
教学秩序混乱	929（36.9％）	857（34.0％）	552（21.9％）	107（4.2％）	75（3.0％）
教学内容难度大	680（27.0％）	813（32.3％）	788（31.3％）	165（6.5％）	74（2.9％）
教师没有进行安全教育	857（34.0％）	867（34.4％）	593（23.5％）	125（5.0％）	78（3.1％）
教学差错	864（34.3％）	855（33.9％）	606（24.0％）	124（4.9％）	71（2.8％）

如表 2-16 所示，被调查学生对教学风险中来自教师一方的因素分析可知，学生观念中认为对教学风险影响非常大的前 3 项（总计 11 项）因素由强到弱依次为教师

安全意识不强 1149 人（45.6%），教师不善于发现安全隐患 1069 人（42.4%）及教师保护工作不到位 1017 人（40.4%）。而排在后三位的依次是教师未进行课前健康检查 845 人（33.5%），上课纪律松散 810 人（32.1%）及教学内容难度大 680 人（27.0%）。需要指出的是，在整个体育教学的环节中任意环节出现问题都可能形成体育教学的安全风险因素，都可能导致最终的教学安全事故。

二、学生对来自学生自身风险认识现状分析

1. 学生对来自学生自身风险认识

表 2-17　学生对来自学生自身风险认识统计量表

统计量		学生技术动作不正确	学生安全意识不强	学生缺乏自我保护	学生心理素质差	学生注意力不集中	学生疾病	其他同学的过错、过失
N	有效/人	2520	2520	2520	2520	2520	2520	2520
	缺失/人	0	0	0	0	0	0	0
众数		2	1	1	1	1	1	2
标准差		1.012	0.945	0.942	0.969	0.991	0.956	0.984
方差		1.023	0.894	0.888	0.938	0.981	0.915	0.969

2. 学生对学生技术动作不正确的影响程度分析

表 2-18　学生对体育教学环节安全风险因素评价（学生技术动作不正确）程度分析表

影响程度		人数/人	百分比/%	有效百分比/%	累计百分比/%
有效	影响非常大	718	28.5	28.5	28.5
	影响比较大	813	32.3	32.3	60.8
	影响一般	773	30.7	30.7	91.5
	影响不是很大	147	5.8	5.8	97.3
	没影响	69	2.7	2.7	100.0
	合计	2520	100.0	100.0	

由表 2-18 可知，被调查学生认为学生自身的技术动作不正确是体育教学环节的安全风险因素，其中认为会有非常大影响的学生比例占被调查学生总数的 28.5%，

会产生影响的比例为 91.5%。如果学生掌握的技术动作不准确，违反了身体结构特点和运动时的力学原理，就易造成损伤。举例来说，在跳箱的动作中，踏跳和推手的时机就非常重要，如果时机不正确，整个动作中的腾空高度有可能达不到，从而发生身体碰到器械上或其他意外事件。而在篮球及排球项目中，接球动作就要求手型正确，如果接球时没有缓冲或手型不对，就容易发生手指戳伤。

3. 学生对安全意识不强影响程度分析

表 2-19　学生对体育教学环节安全风险因素（学生安全意识不强）影响程度分析表

影响程度		人数/人	百分比/%	有效百分比/%	累计百分比/%
有效	影响非常大	1046	41.5	41.5	41.5
	影响比较大	912	36.2	36.2	77.7
	影响一般	436	17.3	17.3	95.0
	影响不是很大	66	2.6	2.6	97.6
	没影响	60	2.4	2.4	100.0
	合计	2520	100.0	100.0	

由表 2-19 可知，被调查学生中 1046 人认为学生自身的安全意识不强对体育教学的安全风险影响非常大。另外有总计 95.0%的被调查者认为学生的自身安全意识对教学风险有影响。必须要指出的是，学生的安全意识是影响教学安全的重要因素。体育运动的直接参与者对预防运动损伤的意义认识不足、思想上麻痹大意，以及缺乏必要的预防运动损伤的知识，安全意识不强，在实际运动中也没有积极采取各种有效的预防措施，使运动伤害事故一再发生。

4. 学生对学生缺乏自我保护影响程度分析

由表 2-20 可知，被调查学生认为体育教学中学生缺乏自我保护是对体育教学安全风险影响较大的因素（认为影响非常大的比例 42.7%，影响比较大的比例为 36.7%及影响一般 15.7%，总体影响比例为 95.1%）。在实际的体育运动中，摔倒时用手撑地、跳起时不注意落脚等都是缺乏自我保护而引发损伤的例子。

在体育学习过程中应有效掌握自我保护措施。第一，人体各部位在生命存在中的意义不同，抗损伤能力及损伤后的恢复能力不同，因而在易发生损伤时，应采用正确的保护原则。

表 2-20 学生认为体育教学环节安全风险因素（学生缺乏自我保护）影响程度分析表

影响程度		人数/人	百分比/%	有效百分比/%	累计百分比/%
有效	影响非常大	1075	42.7	42.7	42.7
	影响比较大	924	36.7	36.7	79.3
	影响一般	395	15.7	15.7	95.0
	影响不是很大	63	2.5	2.5	97.5
	没影响	63	2.5	2.5	100.0
	合计	2520	100.0	100.0	

在人体跌倒时应首先保护头部，因为大脑是我们人体的最高位中枢，还有百亿神经元细胞，结构复杂，易损伤，且损伤后恢复困难。其次，保护躯干、胸腰部，因此处有人体主要的心肺及脏腑，损伤后易发生内出血等危险。再次，保护人体的上肢，因上肢骨骼细长，肌肉韧带等结构弱于下肢，易在功能的灵活性方面受损，易发生骨折等运动损伤。最后，保护下肢。如果腾空后落地不稳，或发生其他意外无法正常站立，有摔倒的危险，正确的做法应该是尽可能地两脚着地。如果落地不稳，应避免用手撑地，宜采用身体前屈，在保护胸背部前提下，采用翻滚的形式着地。要尽可能避免胸腰部摔打在地面上，更不能使头部着地。

除此之外，还应掌握必要的运动防护措施，运动前做好拉伸，对于运动负荷较大部位或运动的薄弱环节应加运动护具或运动肌贴。

5. 学生对学生心理素质差影响程度分析

表 2-21 学生认为体育教学环节安全风险因素（学生心理素质差）影响程度分析表

影响程度		人数/人	百分比/%	有效百分比/%	累计百分比/%
有效	影响非常大	938	37.2	37.2	37.2
	影响比较大	923	36.6	36.6	73.8
	影响一般	508	20.2	20.2	94.0
	影响不是很大	88	3.5	3.5	97.5
	没影响	63	2.5	2.5	100.0
	合计	2520	100.0	100.0	

由表 2-21 可知，学生对心理素质差会对体育教学环节的安全产生影响比较认同，有 37.2%的被调查者认为学生心理素质对体育教学环节安全风险影响非常大。认为有影响的比例高达 94.0%。心理素质是人的整体素质的组成部分，其是以自然

素质为基础，在后天环境、教育、实践活动等因素的影响下逐步发生、发展起来的。心理素质是先天和后天的结合，情绪内核的外在表现。心理素质差在运动中往往表现为心理适应能力较弱、内在学习动力较小及指向性弱等特点，是体育学习中的薄弱环节，易造成自身的损伤伤害事故。

6. 学生对学生注意力不集中影响程度分析

表 2-22　学生认为体育教学环节安全风险因素（学生注意力不集中）影响程度分析表

影响程度		人数/人	百分比/%	有效百分比/%	累计百分比/%
有效	影响非常大	887	35.2	35.2	35.2
	影响比较大	869	34.5	34.5	69.7
	影响一般	592	23.5	23.5	93.2
	影响不是很大	110	4.4	4.4	97.5
	没影响	62	2.5	2.5	100.0
	合计	2520	100.0	100.0	

由表 2-22 可知，被调查学生认为学生注意力不集中也是较易引发运动风险的。有 35.2%的学生认为其对体育教学的安全风险影响非常大。在体育教学过程中，参与的学生注意力不集中，易出现自身动作变形、错误，无法及时准确地发现运动中的危险因素，如其他学生的冲撞、环境变化风险等，而造成自身的损伤。

7. 学生对学生疾病影响程度分析

表 2-23　学生认为体育教学环节安全风险因素（学生疾病）影响程度分析表

影响程度		人数/人	百分比/%	有效百分比/%	累计百分比/%
有效	影响非常大	1292	51.3	51.3	51.3
	影响比较大	747	29.6	29.6	80.9
	影响一般	351	13.9	13.9	94.8
	影响不是很大	71	2.8	2.8	97.7
	没影响	59	2.3	2.3	100.0
	合计	2520	100.0	100.0	

由表 2-23 可知，51.3%的被调查学生认为学生的疾病对体育教学环节的风险影响非常大，与以其他来自学生方面的风险因素进行对比也可以发现，认为影响非常大的比例明显高于其他各类因素。

已有的各类数据也显示，学生的疾病状态是很多运动悲剧发生的源头。很多的运动猝死事件调查后的结果都是运动参与者身体的不适引发的。在体育教学前对学生进行健康检查并依据学生个人的健康状况进行分组教学，是避免很多运动风险的重要方式。当然在每次课前，教师都应对学生的身体状况进行询问，针对过度疲劳、情绪紧张、身体不适等，合理调整学生的运动强度及运动量，做到个性化、动态地调整体育教学计划。

8. 学生对学生方安全风险因素总体分析

表 2-24　来自学生的安全风险因素总分析表　（人/比例）

题目/选项	影响非常大	影响比较大	影响一般	影响不是很大	没影响
学生技术动作不正确	718（28.5%）	813（32.3%）	773（30.7%）	147（5.8%）	69（2.7%）
学生安全意识不强	1046（41.5%）	912（36.2%）	436（17.3%）	66（2.6%）	60（2.4%）
学生缺乏自我保护	1075（42.7%）	924（36.7%）	395（15.7%）	63（2.5%）	63（2.5%）
学生心理素质差	938（37.2%）	923（36.6%）	508（20.2%）	88（3.5%）	63（2.5%）
学生注意力不集中	887（35.2%）	869（34.5%）	592（23.5%）	110（4.4%）	62（2.5%）
学生疾病	1292（51.3%）	747（29.6%）	351（13.9%）	71（2.8%）	59（2.3%）

由表 2-24 可知，总体比较被调查学生对学生风险因素的认知可知，对体育教学风险影响非常大的因素由高到低排序依次是：学生疾病（51.3%）＞学生缺乏自我保护（42.7%）＞学生安全意识不强（41.5%）＞学生心理素质差（37.2%）＞学生注意力不集中（35.2%）＞学生技术动作不正确（28.5%）。

而对六项因素的总体影响力分析差异却并不大，各因素影响力由高到低排序依次是：学生缺乏自我保护（95.1%）＞学生安全意识不强（95.0%）＞学生疾病（94.8%）＞学生心理素质差（94.0%）＞学生注意力不集中（93.2%）＞学生技术动作不正确（91.5%）。由此可见，被调查学生普遍认为学生自身的因素对体育教学环节的安全影响都比较大，都可能成为教学环节中的风险因素。

三、学生对来自场地及外环境的风险认识现状

1. 学生对教学器材损坏影响程度分析

由表 2-25 可知，被调查学生中有 1188 名学生认为教学器材损坏对体育教学安全性影响非常大。有总计 94.5%的学生认为教学器材的损坏对体育教学有影响。

表 2-25 学生认为体育教学环节安全风险因素（教学器材损坏）影响程度分析表

影响程度		人数/人	百分比/%	有效百分比/%	累计百分比/%
有效	影响非常大	1188	47.1	47.1	47.1
	影响比较大	816	32.4	32.4	79.5
	影响一般	379	15.0	15.0	94.6
	影响不是很大	76	3.0	3.0	97.6
	没影响	61	2.4	2.4	100.0
	合计	2520	100.0	100.0	

2. 学生对教学设备质量不合格影响程度分析

由表 2-26 可知，45.5%的被调查学生认为教学设备质量不合格对体育教学的安全性存在非常大的影响，34.0%的被调查学生认为教学设备质量不合格对体育教学的安全性存在比较大的影响，15.3%的被调查学生认为教学设备质量不合格对体育教学的安全性存在一般影响。

表 2-26 学生认为体育教学环节安全风险因素（教学设备质量不合格）影响程度分析表

影响程度		人数/人	百分比/%	有效百分比/%	累计百分比/%
有效	影响非常大	1147	45.5	45.5	45.5
	影响比较大	856	34.0	34.0	79.5
	影响一般	385	15.3	15.3	94.8
	影响不是很大	73	2.9	2.9	97.7
	没影响	59	2.3	2.3	100.0
	合计	2520	100.0	100.0	

3. 学生对器材设施建造不合理影响程度分析

由表 2-27 可知 45.7%的被调查学生认为器材设施建造不合理对体育教学的安全性存在非常大的影响，33.4%的被调查学生认为器材设施建造不合理对体育教学的安全性存在比较大的影响，16.0%的被调查学生认为器材设施建造不合理对体育教学的安全性存在一般影响。可以看出被调查学生对教学设备质量不合格和器材设施建造不合理两项的认识相似，各项数据非常接近。

表 2-27　学生认为体育教学环节安全风险因素（器材设施建造不合理）影响程度分析表

影响程度		人数/人	百分比/%	有效百分比/%	累计百分比/%
有效	影响非常大	1152	45.7	45.7	45.7
	影响比较大	842	33.4	33.4	79.1
	影响一般	403	16.0	16.0	95.1
	影响不是很大	63	2.5	2.5	97.6
	没影响	60	2.4	2.4	100.0
	合计	2520	100.0	100.0	

4. 学生对教学场地不合标准影响程度分析

相较于学生对器材的损坏、教学设备质量不合格和器材设施建造不合理，被调查学生对教学场地不合标准对教学安全的影响非常大的认可度不高，有 41.4%的学生认为教学场地不合标准会对体育教学环节产生非常大的影响。

表 2-28　学生认为体育教学环节安全风险因素（教学场地不合标准）影响程度分析表

影响程度		人数/人	百分比/%	有效百分比/%	累计百分比/%
有效	影响非常大	1044	41.4	41.4	41.4
	影响比较大	899	35.7	35.7	77.1
	影响一般	444	17.6	17.6	94.7
	影响不是很大	69	2.7	2.7	97.5
	没影响	64	2.5	2.5	100.0
	合计	2520	100.0	100.0	

5. 学生对恶劣天气影响程度分析

表 2-29　学生认为体育教学环节安全风险因素（恶劣天气）影响程度分析表

影响程度		人数/人	百分比/%	有效百分比/%	累计百分比/%
有效	影响非常大	885	35.1	35.1	35.1
	影响比较大	816	32.4	32.4	67.5
	影响一般	605	24.0	24.0	91.5
	影响不是很大	129	5.1	5.1	96.6
	没影响	85	3.4	3.4	100.0
	合计	2520	100.0	100.0	

由表 2-29 可知，被调查学生认为恶劣天气对运动安全因素影响非常大的比例为 35.1%，影响比较大的比例 32.4%，影响一般的比例为 24.0%，总体分布比较均匀，明显低于场地器材方面认可的影响程度。

6. 学生对体育场地及环境影响因素分析

表 2-30　体育场地及环境影响因素分析总表　　（人/比例）

题目/选项	影响非常大	影响比较大	影响一般	影响不是很大	没影响
教学器材损坏	1188（47.1%）	816（32.4%）	379（15.0%）	76（3.0%）	61（2.4%）
教学设备质量不合格	1147（45.5%）	856（34.0%）	385（15.3%）	73（2.9%）	59（2.3%）
器材设施建造不合理	1152（45.7%）	842（33.4%）	403（16.0%）	63（2.5%）	60（2.4%）
教学场地不合标准	1044（41.4%）	899（35.7%）	444（17.6%）	69（2.7%）	64（2.5%）
恶劣天气	885（35.1%）	816（32.4%）	605（24.0%）	129（5.1%）	85（3.4%）
其他	688（27.3%）	608（24.1%）	874（34.7%）	188（7.5%）	162（6.4%）

由以上对于被调查学生认为的场地器材及天气等因素的影响分析可以看出，除自然环境因素（恶劣天气）的影响性较低以外，场地器材方面的四个影响因素：教学设备质量不合格、教学器材损坏、器材设施建造不合理及教学场地不合标准全部成了被调查学生普遍认同的对体育教学环节影响非常大的因素。

而对比来看，之前对于教师方面的影响因素及学生自身的影响因素，教师方面影响的因素影响非常大的比例在 40%以上的只有教师安全意识不强、教师不善于发现安全隐患、教师保护工作不到位，学生方面的影响因素影响非常大的比例在 40%以上的只有学生疾病、学生缺乏自我保护、学生安全意识不强。

7. 学生对体育教学安全因素的分析总结

从被调查学生对体育教学安全风险因素的分析可以看出，场地器材各因素是体育教学中最具风险的因素，其次是来自参与体育学习的个人，最后是来自教师的风险因素。

由此可以看出，学生认为的首要体育教学风险因素为场地环境器材等自然环境因素及体育教学硬件设施；教学设备质量不合格、教学器材损坏、器材设施建造不合理及教学场地不合标准是学生认为最易引发运动风险的因素。

另外，学生认为自身的疾病状态、缺乏自我保护及缺乏安全意识是导致运动风险的重要因素，其次是教师安全意识不强、教师不善于发现安全隐患、教师保护工作不到位。

第三节　高校体育教学中教师个人情况分析

一、被调查体育教师性别分布分析

表 2-31　被调查教师性别分布表

被调查教师性别分布		人数/人	百分比/%	有效百分比/%	累计百分比/%
有效	男	29	72.5	72.5	72.5
	女	11	27.5	27.5	100.0
	合计	40	100.0	100.0	

由表 2-31 所示，被调查教师男性教师 29 人，占被调查人数的 72.5%，女性教师 11 人，占被调查人数的 27.5%。

二、被调查教师教龄分析

表 2-32　被调查教师教龄分布表

被调查教师教龄分布	*N*	极小值	极大值	均值	标准差
年龄	39	18	52	31.18	9.965
有效的 *N*（列表状态）	39				

由表 2-32 所示，被调查教师中最小年龄在 18 岁，最大的年龄是 52 岁。平均年龄在 31.18 岁。说明整体教师的年龄属于较年轻的阶段。

三、被调查教师职称分布比例分析

由表 2-33 所示，各级别职称教师都参与了调查，对各职称教师的调查有利于数据的全面性。被调查教师中教授及副教授 11 人，占被调查教师的 27.5%；讲师 11 人，占被调查的 27.5%；助教及其他人员 18 人，所占比例为 45%。整体来说，被调查教师年轻化，职称的等级也以中级及以下为主。

表 2-33　被调查教师的职称分布表

被调查教师职称分布		人数/人	百分比/%	有效百分比/%	累计百分比/%
有效	教授	2	5.0	5.0	5.0
	副教授	9	22.5	22.5	27.5
	讲师	11	27.5	27.5	55.0
	助教	4	10.0	10.0	65.0
	其他	14	35.0	35.0	100.0
	合计	40	100.0	100.0	

四、被调查教师承担的体育教学项目分析

表 2-34　被调查教师承担的体育教学项目分析表

被调查教师承担的体育教学项目分布		多重响应		个案百分比/%
		N	百分比多或少/%	
体育课运动项目[a]	A. 篮球	13	10.0	32.5
	B. 足球	12	9.2	30.0
	C. 排球	7	5.4	17.5
	D. 乒乓球	8	6.2	20.0
	E. 网球	7	5.4	17.5
	F. 羽毛球	8	6.2	20.0
	G. 形体	4	3.1	10.0
	H. 健美操	3	2.3	7.5
	I. 体育舞蹈	2	1.5	5.0
	J. 街舞	3	2.3	7.5
	K. 跆拳道	4	3.1	10.0
	L. 健身健美	3	2.3	7.5
	M. 武术	8	6.2	20.0
	N. 健身防卫	5	3.8	12.5
	O. 轮滑	4	3.1	10.0
	P. 攀岩与拓展	9	6.9	22.5
	Q. 游泳	9	6.9	22.5
	R. 体适能	13	10.0	32.5
	S. 其他	8	6.2	20.0
总计		130	100.0	325.0

a. 值为 1 时制表的二分组

由表 2-34 所示，教师参与的体育项目以篮球（13 人，占比 10.0%）、体适能（13人，占比 10.0%），以及足球（12 人，占比 9.2%）为主。

第四节　高校体育教学中教师安全与风险防范意识现状

一、教师上课前的风险排查

1. 总体风险排查情况分析

表 2-35　上课前的检查频率表

被调查教师上课前检查项目分布		多重响应		个案百分比/%	排序
		N	百分比/%		
上课前的检查[a]	A. 运动环境是否清洁卫生	27	12.3	67.5	3
	B. 运动环境有无污染	21	9.6	52.5	4
	C. 运动环境有无噪音	13	5.9	32.5	9
	D. 运动器材卫生状况	21	9.6	52.5	4
	E. 运动器材安全问题	29	13.2	72.5	2
	F. 器械安放地点是否合理	21	9.6	52.5	4
	G. 学生衣着是否符合运动要求	32	14.6	80.0	1
	H. 室内场馆的通风情况	16	7.3	40.0	8
	I. 运动场地的照明条件	17	7.8	42.5	7
	J. 运动场地的空气温度及湿度	13	5.9	32.5	9
	K. 其他	9	4.1	22.5	11
总计		219	100.0%	547.5%	

a. 值为 1 时制表的二分组

由表 2-35 可知，在课前的安全检查中排在第一位的检查项目为学生的衣着是否符合运动要求，共有 32 位教师选择，占总人数的 14.6%；排在第二位的是运动器材的安全问题，共有 29 位教师选择，占总人数的 13.2%；排在第三位的是运动环境是否清洁卫生，共有 27 位教师选择，占总人数的 12.3%；之后是运动环境有无污染，共有 21 位教师选择，占总人数的 9.6%；运动器材卫生状况，共有 21 位教师选择，占总人数的 9.6%；器械安放地点是否合理，共有 21 位教师选择，占总人数的 9.6％；排在最后三位的检查项目：室内场馆的通风情况，共有 16 位教师选择，占总人数的 7.3％；运动场地的空气温度及湿度，共有 13 位教师选择，占总人数的 5.9％；运动环境有无噪音，共有 13 位教师选择，占总人数的 5.9％。

由这一调查结果可以看出，教师普遍认同学生运动时的着装影响运动的安全性，非运动材质的着装增加了运动的风险性；运动器材的安全问题也是对运动安全影响较大的指标，较受教师的关注；较意外的是运动环境是否清洁卫生选择的人数为 27 人，占总人数的 12.3％，占比较高，这一选项为课前进行安全检查的第三位，显然被大家认同为安全检查的必检项。

同时可以看出，在调查中有一些项目不被大家认同，如后三位的室内场馆的通风、运动场地的空气温度及湿度、运动环境有无噪声。这些因素主要集中于环境影响因素，实际上体育锻炼的建筑环境卫生对体育活动、体育教学工作都具有重大的影响，场馆的通风条件、运动场地的温度及湿度等恰恰对运动起着至关重要的作用。如 2020 年中考学霸军训中发生的悲剧就是由高温天气引发中暑导致的。而近年来全球气候环境恶化、全球变暖、温室效应、雾霾、沙尘暴、极端天气等不断出现，影响着人民的健康。因此，在不断变化的环境中进行安全的体育教学，不断关注并找到适应体育教学活动的体育环境必将成为将来体育教学研究的重点。

2. 不同性别的教师对体育课前风险排查的差异性比较分析

由表 2-31、表 2-36 可知，不同性别的教师对课前检查的项目具有一定的差异性。男教师检查的前两位为学生衣着是否符合运动要求和运动器械安全问题；女教师课前安全检查的项目着重为运动环境是否清洁卫生、学生衣着是否符合运动要求。男教师课前检查较少的是室内场馆的通风情况和运动场地的空气温度及湿度，女教师课前检查较少的是器械安放地点是否合理，运动场地的空气温度及湿度和运动环境有无噪音。

表 2-36　不同性别教师上课前进行的安全检查项目交叉表

教师上课前安全检查项目分布			性别		总计
			男（29 人）	女（11 人）	
上课前进行的安全检查项目[a]	A. 运动环境是否清洁卫生	计数/人	17	10	27
		百分比/％	58.6	90.9	
	B. 运动环境有无污染	计数/人	16	5	21
		百分比/％	55.2	45.5	
	C. 运动环境有无噪音	计数/人	10	3	13
		百分比/％	34.5	27.3	

续表

教师上课前安全检查项目分布			性别		总计
			男（29人）	女（11人）	
上课前进行的安全检查项目[a]	D. 运动器材卫生状况	计数/人	15	6	21
		百分比/%	51.7	54.5	
	E. 运动器材安全问题	计数/人	21	8	29
		百分比/%	72.4	72.7	
	F. 器械安放地点是否合理	计数/人	17	4	21
		百分比/%	58.6	36.4	
	G. 学生衣着是否符合运动要求	计数/人	23	9	32
		百分比/%	79.3	81.8	
	H. 室内场馆的通风情况	计数/人	9	7	16
		百分比/%	31.0	63.6	
	I. 运动场地的照明条件	计数/人	11	6	17
		百分比/%	37.9	54.5	
	J. 运动场地的空气温度及湿度	计数/人	9	4	13
		百分比/%	31.0	36.4	
	K. 其他	计数/人	7	2	9
		百分比/%	24.1	18.2	
总计		计数/人	29	11	40

百分比和总计以多重响应分析法后样本总数为基础。

a. 值为1时制表的二分组

3. 不同教龄的教师对体育课前风险排查的差异性比较分析

教师是一个需要终身学习的职业，在日常的教学中不断积累教学经验。问卷中设计了包括运动环境是否清洁卫生、运动环境有无污染、运动环境有无噪音、运动器材卫生状况、运动器材安全问题、器材安放地点是否合理、学生衣着是否符合运动要求、室内场馆的通风情况、运动场地的照明情况、运动场地的空气温度及湿度等11项体育课风险因素用以了解教师课前风险排查的特征。

表 2-37　不同分教龄教师上课前进行的检查交叉表

不同教龄教师上课前检查分布			教龄						总计
			5 年及以下（含 5 年）	5～10 年（含 10 年）	10～15 年（含 15 年）	15～20 年（含 20 年）	20～25 年（含 25 年）	25 年以上	
教师上课前进行的检查[a]	运动环境是否清洁卫生	计数/人	13	6	3	0	4	1	27
		百分比/%	61.9	85.7	75.0	0.0	66.7	100.0	
	运动环境有无污染	计数/人	12	3	3	0	2	1	21
		百分比/%	57.1	42.9	75.0	0.0	33.3	100.0	
	运动环境有无噪音	计数/人	8	1	1	1	1	1	13
		百分比/%	38.1	14.3	25.0	100.0	16.7	100.0	
	运动器材卫生状况	计数/人	10	4	3	1	2	1	21
		百分比/%	47.6	57.1	75.0	100.0	33.3	100.0	
	运动器材安全问题	计数/人	14	5	3	1	5	1	29
		百分比/%	66.7	71.4	75.0	100.0	83.3	100.0	
	器械安放地点是否合理	计数/人	11	6	1	1	1	1	21
		百分比/%	52.4	85.7	25.0	100.0	16.7	100.0	
	学生衣着是否符合运动要求	计数/人	15	6	4	1	5	1	32
		百分比/%	71.4	85.7	100.0	100.0	83.3	100.0	
	室内场馆的通风情况	计数/人	9	2	1	0	3	1	16
		百分比/%	42.9	28.6	25.0	0.0	50.0	100.0	
	运动场地的照明条件	计数/人	8	4	1	0	3	1	17
		百分比/%	38.1	57.1	25.0	0.0	50.0	100.0	
	运动场地的空气温度及湿度	计数/人	10	1	0	0	1	1	13
		百分比/%	47.6	14.3	0.0	0.0	16.7	100.0	
	其他	计数/人	8	0	0	0	0	1	9
		百分比/%	38.1	0.0	0.0	0.0	0.0	100.0	
总计		计数/人	21	7	4	1	6	1	40

百分比和总计以多重响应分析法后样本总数为基础。

a. 值为 1 时制表的二分组

由表 2-37 可知，各不同教龄的教师对体育课前检查的内容存在差异。

对于 21 位接受调查的 5 年及以下教龄的教师来说，体育课前检查集中于学生衣着是否符合运动要求、运动器材安全问题，以及运动环境是否清洁卫生；对于这一教龄的教师来说不够重视的课前检查包括运动环境有无噪音、运动场地的照明条件。

对于调查中的7位5～10年教龄（含10年教龄）的教师来说，运动环境是否清洁卫生、器械安放地点是否合理、学生衣着是否符合运动要求是重点进行课前检查的项目，而不太关注的是运动环境有无噪音、运动场地的空气温度及湿度。

对于调查中的4位10～15年（含15年）的教师来说，学生衣着是否符合运动要求、运动环境是否清洁卫生、运动环境有无污染、运动器材卫生状况、运动器材安全问题是重点关注的检查问题；而运动场地的空气温度及湿度、运动环境有无噪音、器械安放地点是否合理、室内场馆的通风情况及运动场地的照明条件均不在重点检查的行列。

对于接受调查中的1位15～20年（含20年）教龄的教师来说，体育课前检查时更加关注学生衣着是否符合运动要求、运动器材卫生状况、运动环境有无噪音、运动器材安全问题及器械安放地点是否合理问题等情况。

对于20～25年（含25年）教龄的教师来说，体育课前优先关注学生衣着是否符合运动要求、运动器材安全问题的情况，而对于运动环境有无噪音、器械安放地点是否合理和运动场地的空气温度及湿度问题不太关注。

对于25年以上教龄的教师来说，所有的11项内容均为课前检查的项目。

总结：

（1）各个教龄段的教师都认为学生的衣着是否符合运动要求是必查的项目。从5年及以下教龄的教师到25年以上教龄的教师都会在体育课前检查学生的衣着是否符合运动要求，而且几乎是每节课必查。而在所有的体育课堂教学常规、基本要求里，对学生的要求都会提到学生的衣着需符合运动要求。

人在进行运动时身体活动幅度大、活动量大，同时人体本身要消耗很多热量，运动时应尽量选择运动专用服装，因其服装面料吸湿排汗、透气性能好，这样可以帮助散湿，有利于保持皮肤干燥、清爽。运动服装除了具有普遍性、耐用性的特征外同时也需要满足多需性，体现不同运动环境及运动项目的基本特征。

运动时，假如运动环境的气温较高，而本身要消耗很多热量，那么穿一套宽松轻盈的运动服就可以帮助散热。若周围环境气温比较低的话，最好选择一些可以有效保存身体热量的衣物，使肌肉感觉柔软舒适，避免运动中不必要的身体机能伤害。

在健身房中进行体育运动时，因健身房内的器械较多，太过宽松肥大的衣服容易挂到器械上，从而造成安全隐患，故而合体修身的运动服装更加适合。

另外，参加竞技性的剧烈运动时，服装面料要尽量选择吸湿排汗性、透气性能好的，这样可以帮助散湿，有利于保持皮肤干燥、清爽。通常化纤织物吸湿快、速干性好，且易于清洗和保养，是比较好的选择。

（2）大多数教龄段的教师在体育教学前都不考虑检查运动场地的空气温度及湿度，以及运动环境有无噪音。

人体与环境间的热交换是持续进行的，在剧烈运动时代谢的能量消耗可达到安静时的20～25倍。这些能量用于肌肉做功的不超过25%，其余的热量必须通过代谢机制排出体外。在热环境中运动则会造成正的热平衡，而使体温升高。

从事体育运动的最佳体温是37.2℃，骨骼肌的温度是38℃。在高气温、热辐射、高湿度的环境条件下长时间激烈运动，会因为体表散热效率低、体温过高、矿物质及体液流失过多，发生中暑、热痉挛和热衰竭性热病。

在冷环境下运动时，机体散热量增加，周围血管收缩，皮下组织血流量较少，温度低，血液循环不畅，易发生机体的肢端冻伤，同时肌肉在低温环境下黏滞性较大，如未进行必要合理的准备活动易发生运动损伤或意外。

此外，空气湿度对人体的影响也是不可忽视的。研究表明，湿度过大时，人体中的松果腺体分泌出的松果体激素量也较大，使得体内甲状腺素及肾上腺素的浓度相对降低，细胞就会“偷懒”，人就会无精打采，萎靡不振。长时间在湿度较大的地方工作、生活，还容易患湿痹症；湿度过小时，蒸发加快，干燥的空气容易夺走人体的水分，使皮肤干燥、鼻腔黏膜受到刺激，所以在秋冬季干冷空气侵入时，极易诱发呼吸系统病症。

此外，人体致死的高温指标与空气湿度也有很大关系。干燥的空气能以与人体汗腺制造汗液的相等速度将汗液吸收，使我们感觉凉快。可是湿度大的空气却由于早已充满水分，因而无力再吸收水分，于是汗液只得积聚在我们的皮肤上，使体温不断上升，同时心力不胜负荷。当气温和湿度高达某一极限时，人体的热量散发不出去，体温就要升高，以致超过人体的耐热极限，造成死亡。

4. 教师安排课前准备活动分析

准备活动是指在比赛、训练和体育课的基本部分之前，为克服内脏器官生理惰性、缩短进入工作状态时间和预防运动创伤而有目的地进行身体练习，为即将来临的剧烈运动或比赛做好准备。

良好的准备活动有利于降低机体肌肉的黏滞性、调动人体心肺机能更好地配合运动系统工作，同时可以更好地运用人体的痕迹效应，提高运动成绩。

表 2-38 被调查教师准备活动安排表

被调查教师准备活动安排分布		人数/人	百分比/%	有效百分比/%	累计百分比/%
有效	安排	39	97.5	97.5	97.5
	不安排	1	2.5	2.5	100.0
	合计	40	100.0	100.0	

由表 2-38 可知，97.5%的教师在调查中表示在教学的开始阶段应安排学生进行准备活动，说明准备活动几乎是所有体育教学开始前的必需项目。

准备活动具有调整赛前状态、克服内脏器官生理惰性、提高机体的代谢水平、使体温升高及增强皮肤的血流量、有利于散热等重要的生理功能。

准备活动可以提高中枢神经系统的兴奋性，调节不良的赛前状态，使大脑反应速度加快，参加活动的运动中枢间相互协调，为正式练习或比赛时生理功能迅速达到适宜程度做好准备。

通过准备活动可以提高心血管系统和呼吸系统的机能水平，使肺通气量及心输出量增加，心肌和骨骼肌的毛细血管网扩张，使工作机能获得更多的氧。从而克服内脏器官生理惰性，缩短进入工作状态的时间。

体温升高可降低肌肉黏滞性，提高肌肉收缩和舒张速度，增加肌肉力量；在体温较高的情况下，血红蛋白和肌红蛋白可释放更多的氧，增加肌肉的氧供应；体温升高可增加体内酶的活性，使物质代谢水平提高，保证在运动中有较充足的能量供应；体温升高还可以提高中枢神经系统和肌肉组织的兴奋度；同时体温升高使肌肉的伸展性、柔韧性和弹性增加，从而预防运动损伤。

通过预先进行的肌肉活动在神经中枢的相应部位留下了兴奋性提高的痕迹，这一痕迹产生的生理效应能使正式比赛时中枢神经系统的兴奋性处于最适宜水平，调节功能得到改善，内脏器官的机能惰性得到克服，新陈代谢加快，有利于机体发挥最佳机能水平。但痕迹效应不能保持很长时间，准备活动后间隔 45 分钟，其痕迹效应将全部消失。

准备活动的时间、强度、内容、与正式运动或比赛的时间间隔等，都是影响准备活动生理效应的因素。一般认为，准备活动的强度以 45%最大摄氧量强度、心率达 100～120 次/分、时间在 10～30 分钟之间为宜。此外，还应根据项目特点、个人习惯、训练水平和季节气候等因素适当加以调整，通常以微微出汗及自我感觉已活动开为宜。准备活动结束到正式练习开始间隔一般不超过 15 分钟，在一般性教学课中准备活动以 2～3 分钟为宜。

5. 教师课前是否询问学生健康情况

课前应该根据学生的身体状况安排具体的教学活动，对体质特殊或有疾病的学生要在课前有所了解，在课中给予适当的关注。

由表 2-39 可知，绝大多数被调查教师在体育课前观察并询问学生的健康状况，其中有 45.0%的教师每次课前都会观察并询问学生的健康状况，50.0%的教师反映经常在体育课前观察并询问学生的健康状况，只有 5.0%的教师反映在体育课前很少观察并询问学生的健康状况。

表 2-39　教师体育课前观察并询问学生的健康状况分析表

被调查教师课前观察并询问项目分布		人数/人	百分比/%	有效百分比/%	累计百分比/%
有效	每次课都问	18	45.0	45.0	45.0
	经常问，但不是每次	20	50.0	50.0	95.0
	很少问	2	5.0	5.0	100.0
	合计	40	100.0	100.0	

重视把安全意识纳入课堂常规、培养良好的体育课堂教学常规，是确保教学安全、提高教学质量的重要前提。教师自身课堂安全意识是课堂教学中学生的安全习惯养成教育的首要关键。学生入校前在生活环境、体质水平、家庭教育等方面均存在普遍差异，教师要有正确的意识认识到学生的差异性和身体状况动态变化的特点。教师在每节体育课前都要询问学生身体的舒适度、健康状况，这样既可以避免因特殊体质、生病等原因引发身体不适导致学生体育运动中出现安全隐患，也有助于学生养成课前注意身体健康的习惯。

二、教师在体育课堂中的安全教育情况分析

1. 教师课堂中的安全教育情况分析

（1）教师在课堂中的安全知识教育分析

由表 2-40 可知，在体育课堂的安全知识教育中被调查教师更注重运动技能知识的教育，排名第二位的是体育锻炼知识，排名第三位的是运动安全知识，再次是运动损伤急救知识和健康常识。被调查教师在体育课堂中较少注重的安全知识主要是运动人体科学知识和运动营养知识。

表 2-40　教师体育课堂中的安全知识教育频率表

被调查教师体育课堂中的安全知识教育分布		响应		个案百分比/%	排序
		N	百分比/%		
体育课程中的安全知识教育[a]	A. 运动技能知识	32	15.8	80.0	1
	B. 体育锻炼知识	30	14.9	75.0	2
	C. 运动人体科学知识	14	6.9	35.0	9
	D. 运动营养知识	15	7.4	37.5	8
	E. 运动心理知识	19	9.4	47.5	6
	F. 体育保健知识	19	9.4	47.5	6
	G. 运动损伤急救知识	21	10.4	52.5	4
	H. 健康常识	21	10.4	52.5	4
	I. 运动安全知识	22	10.9	55.0	3
	J. 其他	9	4.5%	22.5	10
总计		202	100.0	505.0	

a. 值为 1 时制表的二分组

由此可以看出在体育教学中对于各项目的技能知识是教学中首要普及的知识，正确的技术动作是预防运动损伤、保障体育教学安全的重要措施。此外，正确的体育锻炼知识如体育锻炼的原理，体育锻炼中运动强度、运动时间、运动频率、运动量、运动项目的选择，运动计划的执行等问题也是教师知识传授的重点。毋庸置疑，必要的体育锻炼知识有利于体育锻炼习惯的养成，形成体育锻炼意识。当然运动中的安全知识也是必要的，正确的体育器材的使用方法、体育器材的选择、危险的规避等安全知识也应及时对学生进行传授，在运动中可能发生的运动损伤的预防、运动损伤的急救、运动损伤的治疗及康复也是体育教学中必讲的知识。

(2) 不同性别教师体育课堂安全知识教育差异性分析（表 2-41）

表 2-41　不同性别教师体育课堂安全知识教育交叉表

不同性别被调查教师课堂安全知识教育分布			性别		总计
			男	女	
体育课堂的知识教育[a]	A. 运动技能知识	计数/人	23	9	32
		百分比/%	79.3	81.8	
	B. 体育锻炼知识	计数/人	22	8	30
		百分比/%	75.9	72.7	
	C. 运动人体科学知识	计数/人	13	1	14
		百分比/%	44.8	9.1	
	D. 运动营养知识	计数/人	11	4	15
		百分比/%	37.9	36.4	
	E. 运动心理知识	计数/人	13	6	19
		百分比/%	44.8	54.5	
	F. 体育保健知识	计数/人	13	6	19
		百分比/%	44.8	54.5	
	G. 运动损伤急救知识	计数/人	14	7	21
		百分比/%	48.3	63.6	
	H. 健康常识	计数/人	15	6	21
		百分比/%	51.7	54.5	
	I. 运动安全知识	计数/人	16	6	22
		百分比/%	55.2	54.5	
	J. 其他	计数/人	8	1	9
		百分比/%	27.6	9.1	
总计		计数/人	29	11	40

百分比和总计以多重响应分析法后样本总数为基础。

a. 值为 1 时制表的二分组

由表 2-41 可知，被调查教师在体育教学中对体育安全知识进行讲解时，不同性别教师体育课程安全知识教育具有明显的差异性。

男性被调查教师主要以运动技能知识和体育锻炼知识教学为主，在教学中对运动营养学知识和运动人体学、运动心理学及体育保健学知识讲授得不多。

女性被调查教师在体育教学环节中主要以运动技能知识和体育锻炼知识教学为主，对于运动人体科学知识讲授得较少。

从被调查的数据可以看出，被调查的教师在体育教学中主要讲授的知识差异不明显，都是以运动技能知识及体育锻炼知识为主，而在讲授较少的体育知识中运动人体科学不具有性别的差异性，都是教学中涉及较少的教学知识。而在男性被调查教师中还出现了运动营养学、运动心理学及体育保健学知识教学的减少，这是在女性被调查教师中不曾出现的。由此可以推出：被调查的女性教师更注重较多种知识的传授，讲究知识的广度教学；而男性教师更关注知识的深度，对于运动技能知识、体育锻炼知识、运动安全知识、运动损伤知识及健康常识等知识进行教学。为了更深层次地去探讨不同性别教师体育知识教学的差异性，以下进一步分析体育教师的教学项目的分性别差异性。

2. 不同性别教师体育教学的项目差异性分析（表 2-42）

表 2-42　不同性别教师体育教学的项目交叉表

不同性别教师体育教学项目分布			性别		总计
			男	女	
体育教学的项目[a]	A. 篮球	计数/人	12	1	13
		百分比	41.4%	9.1%	
	B. 足球	计数计数/人	11	1	12
		百分比	37.9%	9.1%	
	C. 排球	计数计数/人	6	1	7
		百分比	20.7%	9.1%	
	D. 乒乓球	计数计数/人	4	4	8
		百分比	13.8%	36.4%	
	E. 网球	计数计数/人	6	1	7
		百分比	20.7%	9.1%	
	F. 羽毛球	计数/人	5	3	8
		百分比/%	17.2	27.3	
	G. 形体	计数/人	1	3	4
		百分比/%	3.4	27.3	

续表

不同性别教师体育教学项目分布			性别		总计
			男	女	
体育教学的项目[a]	H. 健美操	计数/人	1	2	3
		百分比/%	3.4	18.2	
	I. 体育舞蹈	计数/人	1	1	2
		百分比/%	3.4	9.1	
	J. 街舞	计数/人	1	2	3
		百分比/%	3.4	18.2	
	K. 跆拳道	计数/人	3	1	4
		百分比/%	10.3	9.1	
	L. 健身健美	计数/人	3	0	3
		百分比/%	10.3	0.0	
	M. 武术	计数/人	4	4	8
		百分比/%	13.8	36.4	
	N. 健身防卫	计数/人	4	1	5
		百分比/%	13.8	9.1/%	
	O. 轮滑	计数/人	4	0	4
		百分比/%	13.8	0.0	
	P. 攀岩与拓展	计数/人	9	0	9
		百分比/%	31.0	0.0	
	Q. 游泳	计数/人	6	3	9
		百分比/%	20.7	27.3	
	R. 体适能	计数/人	9	4	13
		百分比/%	31.0	36.4	
	S. 其他	计数/人	6	2	8
		百分比/%	20.7	18.2/%	
总计		计数/人	29	11	40

百分比和总计以多重响应分析法后样本总数为基础。

a. 值为 1 时制表的二分组

由表 2-42 可知，被调查中的男性教师对篮球、足球、攀岩及体适能项目的教学较多，教师人数及占比依次为：12 人，41.4%；11 人，37.9%；9 人，31.0%；9 人，31.0%。被调查男性教师讲授的形体、健美操、体育舞蹈及街舞参与教学的人数较少，参与人数及占比都为 1 人，3.4%。

被调查中的女性教师对乒乓球、武术及体适能的项目讲授较多，参与人数及占比均为 4 人，36.4%；其次是对羽毛球、形体和游泳的讲授，参与人数及占比均为 3 人，27.3%。在本次调查中，女性被调查教师中没有从事轮滑、攀岩与拓展及健身健美的教师。

从调查的数据可以看出，男性教师参与的项目整体呈现激烈同场对抗、危险系数较高的特点，而女性教师整体参与的项目多是欣赏类、健康体适能类活动、健美性运动项目。不同性别的体育教师从事的体育教学项目的特点不同，在教学中需注意的问题就明显不同：男性教师在教学中会依据运动中易发生运动损伤及运动意外等伤害事故的情况，不断对学生强调锻炼的安全性、运动损伤的预防、急救及康复知识；而女性教师会更多地关注学生的全方面发展，尤其在女性教师的课堂中主要是女大学生群体，因此，在教学中除了运动技能的知识及体育锻炼的知识以外，就会较多地传授运动营养学知识、体育保健知识等改善学生运动认知及运动全面性的知识。

3. 不同教龄教师讲授体育课程知识分析（表 2-43）

表 2-43　不同教龄教师在课堂讲授的知识交叉表

不同教龄教师体育教学项目分布			教龄						总计
			5 年及以下（包含 5 年）	5～10 年（包含 10 年）	10～15 年（包含 15 年）	15～20 年（包含 20 年）	20～25 年（包含 25 年）	25 年以上	
教师在课堂讲授的知识[a]	A. 运动技能知识	计数/人	15	7	4	1	4	1	32
		百分比/%	71.4%	100.0%	100.0%	100.0%	66.7%	100.0%	
	B. 体育锻炼知识	计数/人	15	7	3	1	3	1	30
		百分比/%	71.4%	100.0%	75.0%	100.0%	50.0%	100.0%	
	C. 运动人体科学知识	计数/人	7	4	1	1	0	1	14
		百分比/%	33.3%	57.1%	25.0%	100.0%	0.0%	100.0%	
	D. 运动营养知识	计数/人	8	4	1	1	0	1	15
		百分比/%	38.1%	57.1%	25.0%	100.0%	0.0%	100.0%	
	E. 运动心理知识	计数/人	10	4	1	1	2	1	19
		百分比/%	47.6%	57.1%	25.0%	100.0%	33.3%	100.0%	

续表

不同教龄教师体育教学项目分布			教龄						总计
			5 年及以下（包含 5 年）	5～10 年（包含 10 年）	10～15 年（包含 15 年）	15～20 年（包含 20 年）	20～25 年（包含 25 年）	25 年以上	
教师在课堂讲授的知识[a]	F. 体育保健知识	计数	11	4	2	1	0	1	19
		百分比/%	52.4%	57.1%	50.0%	100.0%	0.0%	100.0%	
	G. 运动损伤急救知识	计数/人	9	4	2	1	4	1	21
		百分比/%	42.9%	57.1%	50.0%	100.0%	66.7%	100.0%	
	H. 健康常识	计数/人	9	7	1	1	2	1	21
		百分比/%	42.9%	100.0%	25.0%	100.0%	33.3%	100.0%	
	I. 运动安全知识	计数/人	10	3	3	1	4	1	22
		百分比/%	47.6%	42.9%	75.0%	100.0%	66.7%	100.0%	
	J. 其他	计数/人	8	1	0	0	0	0	9
		百分比/%	38.1%	14.3%	0.0%	0.0%	0.0%	0.0%	
总计		计数/人	21	7	4	1	6	1	40

百分比和总计以多重响应分析法后样本总数为基础。

a. 值为 1 时制表的二分组

由表 2-43 可知，各教龄体育教学中体育知识的教学有相同的特征，也有不同的特征。具体如下：

对于 21 名接受调查的 5 年及 5 年以下教龄教师来说，运动技能知识及体育锻炼知识是教学的重点，而运动人体科学知识是较少讲授的内容。

对于 7 名接受调查的 5～10 年（含 10 年）教龄教师来说，运动技能知识、体育锻炼知识及健康常识是所有本教龄段都会选择的教学内容；而对运动安全知识则讲授较少。

对于 10～15 年（包含 15 年）教龄的教师来说，运动技能知识、体育锻炼知识及运动安全知识是教学的重点，而运动人体科学知识、运动营养学知识及运动心理学知识则在课堂知识教学中讲授较少。

对于 20～25 年（包含 25 年）教龄的教师来说，运动技能知识、运动损伤知识及运动安全知识是体育知识教育的重点，而对于运动人体科学知识、运动营养学知识及体育保健知识则没有人讲授。

对于 15～20 年（包含 20 年）及 25 年以上教师群体，教师在课堂上会针对所有类型的体育知识进行讲解。

综上分析，可以总结出以下几个特点：

第一，对绝大多数教龄组来说，运动技能知识及体育锻炼知识是必讲的教学内容。因为体育教学分为多个项目，在对学生进行教学时，专项的运动项目技能知识是课程的一部分，是对技能实践知识的有力补充，而体育锻炼是学生在校园生活中都会面临的一项活动，在体育教学中加强开展体育锻炼知识的教育有利于学生校园体育活动的积极开展。

第二，对绝大多数教龄组来说，运动、人体科学知识讲解得较少，六个教龄组除15～20年（包含20年）及25年教龄以上两组在调查中反映对所有知识都会进行讲解外，其他四个教龄组都对运动人体科学知识的教授较少。运动人体科学是一门应用人体解剖学、生理学等多种人体科学学科理论和方法研究体育运动对人体形态结构、生理功能的影响，以及体育运动中的保健规律和措施的综合性科学知识体系。主要的教学内容是运动解剖学、运动生理学、体育保健学等知识。

运动解剖学是研究正常人体结构形态及其发生发展规律与体育、运动相互关系的科学，是运动人体科学的重要基础。主要内容包括：人体的细胞、组织等基本结构的形态、结构和功能；人体各器官系统的形态结构、发展变化规律及运动对人体形态结构的影响性的科学。

运动生理学是研究在体育运动中或在长期运动训练和体育锻炼影响下，人体各种生理机能变化规律及其变化机制的科学。运动生理学的主要教学内容是人体的基本生理活动，包括物质和能量代谢、人体运动系统的生理机能、血液生理、心血管机能、神经系统的机能、感觉机能等人体各器官系统的生理机能，还包括生理学在运动中的应用，包括运动技能的形成、身体素质、人体有氧、无氧工作能力，人体在运动过程中的生理机能变化规律，人体的体育卫生，运动性疲劳等基础知识。

运动解剖学及运动生理学是研究人体正常的结构及生理机能特点、运动对人体的结构及生理机能变化的影响、人体对不断的运动刺激产生的结构、生理机能的适应能力。在运动实践中有利于个人了解运动中自身的结构及生理变化，有利于个人掌握运动的人体变化规律，解释人体在运动中的有益变化及不利的影响，是重要的理论基础。运动人体科学是从事体育活动的基础知识教育，有助于提高学生体育教学及训练活动中的自觉性、主动性和科学性，有利于科学地进行体育活动，提高体育活动的质量，促进学生专项运动训练水平的提高。

体育教学实践中在指导学生“做什么”“怎么做”的同时，应多对学生解释“为什么”，让学生“知其然”也“知其所以然”。通过参与体育学习和锻炼活动的原因的解释，增强学生学习的主动性及自觉性，指导学生体育活动的科学性。

4. 教师在课堂中对学生讲明安全注意事项情况分析（见表 2-44）

表 2-44　教师在教学活动中对学生讲明安全注意事项情况分析表

讲明的频率		人数/人	百分比/%	有效百分比/%	累计百分比/%
有效	每次课前都讲	20	50.0	50.0	50.0
	多数时候讲，但不是每次	19	47.5	47.5	97.5
	没有讲过	1	2.5	2.5	100.0
	合计	40	100.0	100.0	

如表 2-44 所示，绝大多数被调查教师在教学活动中会对学生讲解安全注意事项，占比达 97.5%，其中表示每次都讲的教师占总调查人数的 50.0%，而 47.5% 的教师反映多数时候会讲，但做不到每次都讲。

三、体育课堂中安全防范措施

对于经常参加健身运动的人们来说，扭伤、摔伤、撞伤、拉伤等各种各样的意外伤害随时都有可能发生，运动中的自我保护不可忽视。

所谓运动损伤是指在体育运动中发生的损伤，可分为急性损伤和慢性损伤，以慢性损伤为多。损伤的组织涉及神经、肌肉、肌腱、韧带、关节囊、皮肤、软骨，甚至伤及内脏器官。

从足关节的护踝到肘关节的护肘，一些看似简单的运动护具，能够在我们平时锻炼的过程中为肌肉和关节分担和减小外来的压力和冲击。各种关节是运动中最容易损伤的部位，关节过伸或过屈都有可能对肌腱造成损害，适当佩戴护具能在很大程度上避免肌腱过度拉伸。对体育爱好者来说，最好的护具是绷带和胶布，两者与肌肉的结合程度最紧密，也能够很好地保护肌肉和关节。打篮球的时候戴上护腕、护膝、护踝，踢足球的时候加上护腿板，护肘、护腕是打网球、羽毛球、乒乓球必不可少的护具，这些微不足道的小护具，在关键时刻却能为保护我们的身体帮上大忙。

有不少健身者认为，佩戴护具之后感觉活动不灵活，在踢足球时若戴上护腿板，总觉得腿部灵活性大大降低了，远不如不戴舒服。对此，杨静宜[①]教授指出，尽管如此，可我们还是应该奉行“安全第一”的宗旨，踢足球时发生的意外伤害有时是很严重的，切不可为图一时痛快摘掉护腿板，因为运动损伤不仅容易给运动群体带

① 杨静宜，徐峻华．运动处方［M］．北京：高等教育出版社，2005.

来潜在的威胁，而且有可能对人体内在器官造成严重的损害。

1. 教师在体育课教学中对难度较大的技术动作进行保护帮助情况分析（表 2-45）

表 2-45　教师在体育课教学中对难度较大的技术动作进行保护帮助情况分析表

教师进行保护的频率		人数/人	百分比/%	有效百分比/%	累计百分比/%
有效	经常会	35	87.5	87.5	87.5
	偶尔会	3	7.5	7.5	95.0
	不会	2	5.0	5.0	100.0
	合计	40	100.0	100.0	

体育教学中的运动存在风险，以健康及身体发展的目的进行的体育教学很有可能最后演变成运动意外。如何预防运动损伤、运动意外的发生，预防体育教学中的运动风险，除了做好准备活动以外，还应该在运动中做好运动保护。在从事项目中难度较大的技术动作、危险性较高的运动项目时，如轮滑、攀岩拓展等，都应在体育教学中做好运动保护。

2. 体育课堂中关注学生运动表现的情况分析

通过体育课的医学观察可以了解学生的健康状况，以及机体对运动负荷和运动强度的反应，评定运动负荷是否适宜，了解体育课的组织方法是否合理，运动环境和场地设备是否符合卫生要求。总之，进行医学观察的目的在于改进体育教学工作，提高教学质量，使体育锻炼达到最佳效果。

医学观察一般可挑选几个健康状况相同但身体素质和功能状况不同的学生进行观察和比较，以了解体育课对不同学生的影响。主要内容是观察教学过程中学生的机体反应。

观察学生的机体反应包括课前询问学生的自我感觉，测定脉搏、血压、肺活量和呼吸频率等生理功能指标；在课堂中各个部分结束后、某个练习开始前或结束后，测量脉搏等指标，并观察某些外部表现（如面色、神情、动作和出汗量等），以确定疲劳程度；课结束后立即进行检查（内容同运动前），同时询问学生在运动过程中和运动后的自我感觉；课后 10～15 分钟，还可以进行补充负荷试验。有条件的学校也可以检查学生课后恢复期的机体情况，如询问自我感觉，测量脉搏、血压、呼吸频率、肺活量和体重等指标。

本次调查设置了学生在体育教学中的主观指标及客观指标，以了解教师对学生在体育教学中各类主客观指标的关注情况。

(1) 体育课堂中教师关注学生运动中的表现情况分析（见表 2-46）

表 2-46　体育课程中教师关注学生运动中的表现情况分析表

教师关注学生运动中表现分布		响应		个案百分比/%
		N/人	百分比/%	
体育课程中教师关注学生情况表[a]	体育课堂教学过程中注意关注学生运动中的面色	31	16.8	77.5
	体育课堂教学过程中注意关注学生运动中的神情	27	14.6	67.5
	体育课堂教学过程中注意关注学生运动中的情绪	25	13.5	62.5
	体育课堂教学过程中注意关注学生运动中的动作	27	14.6	67.5
	体育课堂教学过程中注意关注学生运动中的出汗量	18	9.7	45.0
	体育课堂教学过程中注意关注学生运动中的心率	16	8.6	40.0
	体育课堂教学过程中注意关注学生运动中的血压	6	3.2	15.0
	体育课堂教学过程中注意关注学生运动中的肺活量	5	2.7	12.5
	体育课堂教学过程中注意关注学生运动中的呼吸频率	13	7.0	32.5
	体育课堂教学过程中注意关注学生运动中的呼吸深度	11	5.9	27.5
	体育课堂教学过程中注意关注学生运动中的其他问题	6	3.2	15.0
总计		185	100.0	462.5

a. 值为 1 时制表的二分组

由表 2-46 可知，教师在授课时对学生运动中的表现情况的关注度由高到低依次是：学生在体育教学中的面色（77.5%），学生在运动中的神情及学生在运动中的动作（67.5%），学生在运动中的情绪（62.5%），学生在运动中的出汗量（45.0%），学生在运动中的心率（40.0%），学生在运动中的呼吸频率（32.5%）及呼吸深度（27.5%），学生在运动中的血压（15.0%）及学生在运动中的肺活量（12.5%）。

运动中学生的身体状况反映了学生在运动中的变化，以及对于运动的刺激是否适应。运动中应合理给予运动负荷，应用过量负荷的运动原则，有效对个人产生运动的生理刺激。而学生的身体状况不良、心理状况不好及精神状态，疲劳，加之过量的运动负荷必然会导致运动中运动负荷超过学生的承受能力，不能给身体带来有效的刺激，实现运动对人体的适应性变化，反而会引起学生身体的不适、情绪及心理的紧张状态。过量的运动刺激因人而异，因时期、季节而异，因环境而异，同样的运动负荷对不同个人的运动水平、个人心理状态有不同影响，或在冬夏季节等不同时节下会引发不同的身体反应。

可以反映学生在运动中的个人状态的指标包括主观指标及客观指标，其中客观指标包括学生在运动中的心率、血压、肺活量、呼吸频率及呼吸深度等指标的数据变化，这一变化多可进行实时的监测及定量的表述；而另一类指标为主观指标，如运动中学生的面色、神情、情绪、出汗量、运动表现等，这类指标很难定量表述，没有客观数据，需要不断关注学生的表现情况，间接了解运动中学生的身体情况。

由表2-46可知，在实际教学中教师更多地关注学生的主观指标，如学生在运动中的面色（77.5%）、学生在运动中的神情及学生在运动中的动作（67.5%）、学生在运动中的情绪（62.5%）、学生在运动中的出汗量（45.0%），分列被调查教师关注指标的第1至第5名。而被调查教师较少关注学生运动中的客观指标特征，如学生运动中的心率（40.0%）、运动中学生的呼吸频率（32.5%）及呼吸深度（27.5%）、学生在运动中的血压（15.0%）及学生在运动中的肺活量（12.5%），分列被调查教师关注指标的第6至第10名。被调查教师对学生客观指标的关注程度普遍低于被调查者的40%。

出现这一结果的原因很大一部分在于体育课堂中学生的课堂主观表现是可以不通过其他的专业器材和仪器就进行直观观察的，方法比较简单实用。而在缺乏专业跟踪设备的前提下，进行每一个授课单元的每一个项目的所有体育课程的客观指标观察显然是不现实的，也是实际过程中难以操作的。由教师对学生的课堂过程的总体观察并无法看出不同性别、不同教龄及不同职称段教师的关注差异性，以下将进行分类别数据的分析。

（2）体育课堂中不同性别教师关注学生的反应情况分析（见表2-47）

表2-47　体育课堂中不同性别教师关注学生的反应情况分析交叉表

不同性别教师关注学生运动中表现分布			性别		总计
			男	女	
体育课堂关注学生的反应情况分析[a]	A. 面色	计数/人	22	9	31
		百分比/%	75.9	81.8	
	B. 神情	计数/人	20	7	27
		百分比/%	69.0	63.6	
	C. 情绪	计数/人	14	11	25
		百分比/%	48.3	100.0	
	D. 动作	计数/人	20	7	27
		百分比/%	69.0	63.6	
	E. 出汗量	计数/人	13	5	18
		%	44.8	45.5	

续表

不同性别教师关注学生运动中表现分布			性别		总计
			男	女	
体育课堂关注学生的反应情况分析[a]	F. 心率	计数/人	12	4	16
		百分比/%	41.4	36.4	
	G. 血压	计数/人	3	3	6
		百分比/%	10.3	27.3	
	H. 肺活量	计数/人	3	2	5
		百分比/%	10.3	18.2	
	I. 呼吸频率	计数/人	10	3	13
		百分比/%	34.5	27.3	
	J. 呼吸深度	计数/人	9	2	11
		百分比/%	31.0	18.2	
	K. 其他	计数/人	5	1	6
		百分比/%	17.2	9.1	
总计		计数/人	29	11	40

百分比和总计以多重响应分析法后样本总数为基础。

a. 值为 1 时制表的二分组

由表 2-47 可知，不同性别的教师在体育教学中对学生的关注点稍有差异，具体表现在：对于男教师来说，主要关注学生在教学环节的面色（22 人/29 人，75.9%）、神情（20 人/29 人，69.0%）及动作（20 人/29 人，69.0%）；不太关注学生的血压（3 人/29 人，10.3%）和肺活量（3 人/29 人，10.3%）。而对于被调查的女教师来说，则在体育教学过程中更关注学生的情绪（11 人/11 人，100.0%）及面色（9 人/11 人，81.8%），不太关注学生的肺活量（2 人/11 人，18.2%）和呼吸深度（2 人/11 人，18.2%）。

不同性别教师对学生关注点存在差异，比如男教师更关注学生的面色、神经及动作，女教师更关注学生的情绪、面色；而比较而言，男教师不太关注学生的血压及肺活量。但就总体的关注指标的主客观分类来讲，不同性别体育教师在课堂中对学生的关注侧重方向差异不大，都是集中关注学生课堂中的主观表现，而对学生课堂中的客观表现关注不多。

(3)体育课堂中分职称教师关注学生的反应情况分析(表 2-48)

表 2-48　分职称体育教师体育课堂关注学生的反应情况分析交叉表

不同职称教师关注学生运动中表现分布			职称					总计
			教授	副教授	讲师	助教	其他	
体育课堂关注学生的反应情况分析[a]	A. 面色	计数/人	2	8	9	4	8	31
		Q4[b] 内的百分比/%	100.0	88.9	81.8	100.0	57.1	
	B. 神情	计数/人	2	6	8	4	7	27
		Q4 内的百分比/%	100.0	66.7	72.7	100.0	50.0	
	C. 情绪	计数/人	1	6	8	3	7	25
		Q4 内的百分比/%	50.0	66.7	72.7	75.0	50.0	
	D. 动作	计数/人	2	6	10	3	6	27
		Q4 内的百分比/%	100.0	66.7	90.9	75.0	42.9	
	E. 出汗量	计数/人	2	3	5	3	5	18
		Q4 内的百分比/%	100.0	33.3	45.5	75.0	35.7	
	F. 心率	计数/人	2	2	4	1	7	16
		Q4 内的百分比/%	100.0	22.2	36.4	25.0	50.0	
	G. 血压	计数/人	1	0	0	1	4	6
		Q4 内的百分比/%	50.0	0	0	25.0	28.6	
	H. 肺活量	计数/人	1	0	0	1	3	5
		Q4 内的百分比/%	50.0	0	0	25.0	21.4	
	I. 呼吸频率	计数/人	2	2	3	3	3	13
		Q4 内的百分比/%	100.0	22.2	27.3	75.0	21.4	
	J. 呼吸深度	计数/人	2	0	3	2	4	11
		Q4 内的百分比/%	100.0	0	27.3	50.0	28.6	
	K. 其他	计数/人	0	0	0	0	6	6
		Q4 内的百分比/%	0	0	0	0	42.9	
总计		计数/人	2	9	11	4	14	40

百分比和总计以多重响应分析法后样本总数为基础。

a. 值为 1 时制表的二分组

b. Q4 指教师关注学生的反应情况

（4）体育课堂中不同教龄教师关注学生的反应情况分析（表 2-49）

表 2-49　不同教龄教师体育课堂关注学生的反应情况分析交叉表

不同教龄教师关注学生运动中表现			教龄						总计
			5 年及以下（包含 5 年）	5～10 年（包含 10 年）	10～15 年（包含 15 年）	15～20 年（包含 20 年）	20～25 年（包含 25 年）	25 年以上	
体育课堂关注学生的反应情况分析[a]	A. 面色	计数/人	16	5	3	1	5	1	31
		百分比[b]/%	76.2	71.4	75.0	100.0	83.3	100.0	
	B. 神情	计数/人	12	6	3	1	4	1	27
		百分比/%	57.1	85.7	75.0	100.0	66.7	100.0	
	C. 情绪	计数/人	13	5	2	1	4	0	25
		百分比/%	61.9	71.4	50.0	100.0	66.7	0	
	D. 动作	计数/人	12	6	3	1	4	1	27
		百分比/%	57.1	85.7	75.0	100.0	66.7	100.0	
	E. 出汗量	计数/人	10	3	1	0	3	1	18
		百分比/%	47.6	42.9	25.0	0	50.0	100.0	
	F. 心率	计数/人	10	3	1	0	1	1	16
		百分比/%	47.6	42.9	25.0	0	16.7	100.0	
	G. 血压	计数/人	5	0	0	0	0	1	6
		百分比/%	23.8	0	0	0	0	100.0	
	H. 肺活量	计数/人	4	0	0	0	0	1	5
		百分比/%	19.0	0	0	0	0	100.0	
	I. 呼吸频率	计数/人	7	2	2	0	1	1	13
		百分比/%	33.3	28.6	50.0	0	16.7	100.0	
	J. 呼吸深度	计数/人	8	1	1	0	0	1	11
		百分比/%	38.1	14.3	25.0	0	0	100.0	
	K. 其他	计数/人	6	0	0	0	0	0	6
		百分比/%	28.6	0	0	0	0	0	
总计		计数/人	21	7	4	1	6	1	40

百分比和总计以多重响应分析法后样本总数为基础。

a. 值为 1 时制表的二分组

b. 总关注反应情况

由表 2-49 可知，不同教龄的教师对体育教学中的学生表现关注特点具有较明显的差异性，具体表现在：

教龄在25年以上的教师对体育教学中学生的所有表现都非常关注，所有的测试内容的关注度都为100.0%。

教龄在20～25年（含25年）的被调查教师更加关注学生的面色、神情、情绪及动作，关注的人数比例依次是83.3%（5人/6人）、66.7%（4人/6人）、66.7%（4人/6人）及66.7%（4人/6人），而对于血压、肺活量和呼吸深度，所选人数及占比为0（0人/6人）。

教龄在15～20年（含20年）的被调查教师与教龄20～25年（含25年）的被调查教师关注的侧重点有相同之处，即关注学生的面色、神情、情绪及动作。与教龄20～25年（含25年）的被调查教师对学生的关注略有不同，各有侧重点，教龄15～20年（包含20年）的教师对于出汗量、血压、心率、肺活量、呼吸频率及呼吸深度都不太关注。所选人数及所占比例均为0（0人/1人）。

教龄在10～15年（含15年）的被调查教师更关注学生面色、神情及动作，所选人数及所占比例均为75.0%（3人/4人），这一年龄段的教师对血压和肺活量不太关注，所选人数及所占比例均为0（0人/4人）。

教龄在5～10年（含10年）的被调查教师更关注学生的神情和动作，所选的人数及所占比例均为85.7%（6人/7人）。这一年龄段的教师对血压和肺活量不太关注，所选人数及所占比例均为0（0人/4人）。

教龄在5年以下的被调查教师更关注学生的面色，所选人数及所占比例为76.2%（16人/21人）。这一年龄段的教师对血压和肺活量不太关注，所选人数及所占比例依次为23.8%（5人/21人）和19.0%（4人/21人）。

综合不同教龄的教师体育教学中对学生关注的主客观指标可以看出，面色和神情几乎是所有组别关注度排名第一的指标（5组/6组，83.3%）；而所有组别都不太关注的指标则为血压和肺活量（5组/6组，83.3%）。这一分析结果可以看出体育教学中面色和神情是教师在入职及其后的教学生涯中都比较关注的指标。

3. 体育课程中学生在恐惧、畏难等心理下，教师的处理方式分析

（1）教师对体育课程中学生对所学内容感到畏难、恐惧等情况处理分析

由表2-50可知，针对体育课程中学生的畏难、恐惧等情况，教师给予的处理方式选择排名前三由高到低依次是：特殊指导（15人/40人，37.5%），建立帮扶小组（9人/40人，22.5%），言语鼓励（8人/40人，20.0%）；其后是降低要求（7人/40人，17.5%）。

表 2-50　教师对体育课程中学生对所学内容感到畏难、恐惧等情况处理分析表

教师处理情况分布		人数/人	百分比/%	有效百分比/%	累计百分比/%
有效	特殊指导	15	37.5	37.5	37.5
	言语鼓励	8	20.0	20.0	57.5
	建立帮扶小组	9	22.5	22.5	80.0
	降低要求	7	17.5	17.5	97.5
	其他处理方式	1	2.5	2.5	100.0
	合计	40	100.0	100.0	

（2）体育课程中不同性别教师对学生恐惧及畏难等心理的处理分析（见表2-51、表2-52、图2-2）

表 2-51　体育课程中不同性别教师对学生畏难、恐惧等情况处理方式分析交叉表

不同性别教师处理情况分布			性别		总计
			男	女	
处理方式分类	特殊指导	计数/人	14	1	15
		百分比/%[a]	93.3	6.7	100.0
	言语鼓励	计数/人	5	3	8
		百分比/%	62.5	37.5	100.0
	建立帮扶小组	计数/人	4	5	9
		百分比/%	44.4	55.6	100.0
	降低要求	计数/人	5	2	7
		百分比/%	71.4	28.6	100.0
	其他处理方式	计数/人	1	0	1
		百分比/%	100.0	0	100.0
合计		计数/人	29	11	40
		百分比/%	72.5	27.5	100.0

a. 分性别教师对学生畏难、恐惧等情况处理。

表 2-52　卡方检验表

统计量	值	d*f*	渐进 Sig.（双侧）
Pearson 卡方	7.603[a]	4	0.107
似然比	8.380	4	0.079

续表

统计量	值	df	渐进 Sig.（双侧）
线性和线性组合	2.088	1	0.148
有效案例中的/N	40		

a. 6 单元格（60.0%）的期望计数少于 5。最小期望计数为 0.28。

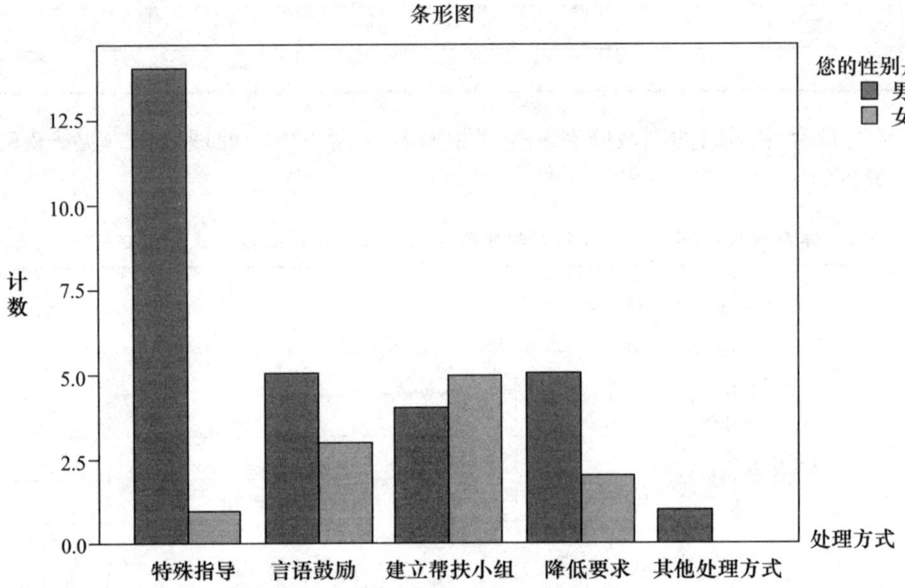

图 2-2　不同性别教师对体育课堂学生恐惧、畏难情况处理方式分析图

由图 2-2 可知，不同性别的体育教师在“体育课程中学生对所学内容感到畏难、恐惧等，您会如何处理”问题的处理方式上没有明显差异性。

（3）分教龄体育教师对体育课学生恐惧及畏难等心理的处理差异分析（表2-53、表 2-54、表 2-55）

表 2-53　案例处理摘要表

分类项目	案例					
	有效的		缺失		合计	
	N/人	百分比/%	N/人	百分比/%	N/人	百分比/%
体育课程中学生对所学内容感到畏难、恐惧等，您会如何处理？（　）	40	100.0	0	0	40	100.0

表 2-54　分教龄教师对体育课程学生畏难、恐惧等情况处理方式交叉表

分类项目			教龄						总计
			5 年及以下（包含 5 年）	5～10 年（包含 10 年）	10～15 年（包含 15 年）	15～20 年（包含 20 年）	20～25 年（包含 25 年）	25 年以上	
体育课程中学生对所学内容感到畏难、恐惧等，您会如何处理？	特殊指导	计数/人	11	2	0	0	1	1	15
		百分比/%[a]	52.4	28.6	0	0	16.7	100.0	37.5
	言语鼓励	计数/人	3	1	4	0	0	0	8
		百分比/%	14.3	14.3	100.0	0	0	0	20.0
	建立帮扶小组	计数/人	6	2	0	0	1	0	9
		百分比/%	28.6	28.6	0	0	16.7	0	22.5
	降低要求	计数/人	0	2	0	1	4	0	7
		百分比/%	0	28.6	0	100.0	66.7	0	17.5
	其他处理方式	计数/人	1	0	0	0	0	0	1
		百分比/%	4.8	0	0	0	0	0	2.5
合计		计数/人	21	7	4	1	6	1	40
		百分比/%	100.0	100.0	100.0	100.0	100.0	100.0	100.0

a. 各教龄段教师在特殊指导、言语鼓励、建立帮扶小组、降低要求、其他处理方式、处理方中所占的百分比。

表 2-55　对称度量表

统计量		值	渐进标准误差[a]	近似值 T[b]	近似值 Sig.
按顺序	γ	0.394	0.172	2.215	0.027
	Spearman 相关性	0.347	0.156	2.280	0.028[c]
按区间	Pearson 的 *R*	0.320	0.171	2.080	0.044[c]
有效案例中的 *N*		40			

a. 不假定零假设。

b. 使用渐进标准误差假定零假设。

c. 基于正态近似值。

由表 2-56 可知，各教龄段的教师对体育教学中学生畏难、恐惧的做法差异还是比较明显的。5 年及以下（包含 5 年）和 25 年以上两个教龄组的教师以特殊指导为主，选择人数及所占比例依次是（11 人/21 人，52.4%），（1 人/1 人，100.0%）；15～20 年（包含 20 年）及 20～25 年（包含 25 年）两个教龄组的教师主要采用降低教学要求的方法，选择人数及所占比例依次是（1 人/1 人，100.0%），（4 人/6 人，66.7%）；10～15 年（包含 15 年）教龄组的教师则主要采用言语的鼓励（4 人/

4人，100.0%），对于5～10年（包含10年）教龄组的教师来说，对于特殊指导、言语鼓励、建立帮扶小组、降低要求及其他方式的各种解决方法都有较平均的选择。

在进行不同教龄教师对体育教学中学生畏难、恐惧的做法卡方检验中 $P \leqslant 0.05$，差异明显。

（4）不同职称的教师对体育教学中学生恐惧、畏难等情绪的处理差异分析（表2-56、表2-57）

表2-56　不同职称教师对体育课程中学生畏难、恐惧等情况处理方式分析交叉表

分类项目			职称					合计
			教授	副教授	讲师	助教	其他	
18. 体育课程中学生对所学内容感到畏难、恐惧等，您会如何处理？（　）	特殊指导	计数/人	2	1	5	2	5	15
		期望的计数[a]	0.8	3.4	4.1	1.5	5.3	15.0
		百分比/%	100.0	11.1	45.5	50.0	35.7	37.5
	言语鼓励	计数/人	0	3	2	0	3	8
		期望的计数	0.4	1.8	2.2	0.8	2.8	8.0
		百分比/%	0.0	33.3	18.2	0.0	21.4	20.0
	建立帮扶小组	计数/人	0	1	3	1	4	9
		期望的计数	0.5	2.0	2.5	0.9	3.2	9.0
		百分比/%	0.0	11.1	27.3	25.0	28.6	22.5
	降低要求	计数/人	0	4	1	1	1	7
		期望的计数	0.4	1.6	1.9	0.7	2.5	7.0
		百分比/%	0.0	44.4	9.1	25.0	7.1	17.5
	其他处理方式	计数/人	0	0	0	0	1	1
		期望的计数	0.0	0.2	0.3	0.1	0.4	1.0
		百分比/%	0.0	0.0	0.0	0.0	7.1	2.5
合计		计数/人	2	9	11	4	14	40
		期望的计数	2.0	9.0	11.0	4.0	14.0	40.0
		百分比/%	100.0	100.0	100.0	100.0	100.0	100.0

a. 期望的计数是交叉表分析法中得出的计数，文中不涉及，但分析法可得出（见SPSS分析中）。

表 2-57　卡方检验表

分类项目	值	df	渐进 Sig.（双侧）
Pearson 卡方	14.844[a]	16	0.536
似然比	16.207	16	0.439
线性和线性组合	0.001	1	0.982
有效案例中的 N	40		

a. 24 单元格（96.0%）的期望计数少于 5。最小期望计数为 0.05。

由表 2-52 可知，$P>0.05$，分教龄对体育教学中学生的畏难及恐惧情绪的处理不具备差异性。

4. 教师对特殊体质学生的关注情况分析

体育教学的医务监督是保证学校体育能健康发展的一项重要措施，其目的是在体育活动过程中，采取一切必要措施，消除或控制一切有害健康的因素，保证体育运动参加者能在合理的营养配备下、在完备的卫生条件下，从事符合生理规律的运动，以实现增强体质、增进健康的效果。

（1）教师对特殊体质学生的关注情况分析（见表 2-58、图 2-3）

表 2-58　教师体育教学中对特殊体质学生的关注情况分析表

关注情况分布		人数/人	百分比/%	有效百分比/%	累计百分比/%
有效	经常关注	34	85.0	85.0	85.0
	偶尔关注	6	15.0	15.0	100.0
	合计	40	100.0	100.0	

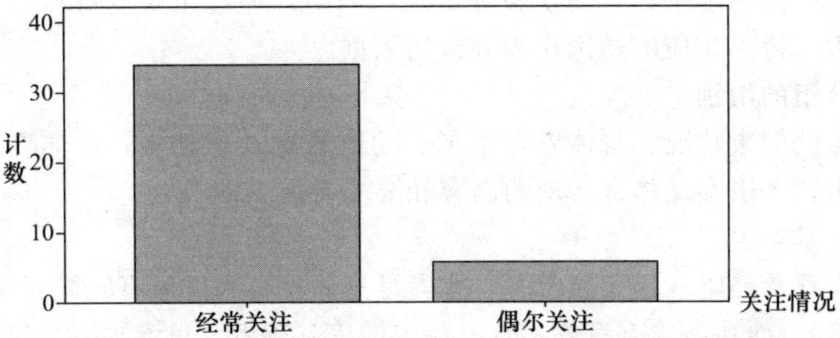

图 2-3　教师对体育教学中特殊体质学生的关注情况分析图

由表 2-58 分析可知，在被调查的教师群体中，绝大多数的教师（85.0%，34 人/40 人）会对体育教学中特殊体质学生经常性关注，选择偶尔关注的教师比例及人数为

15.0%（6 人/40 人），即所有教师都会在体育教学中关注特殊体质的学生的情况。

当然除了关注特殊特质学生的体育教学参与情况以外，我们更应该在开展体育教学前做好健康分组的情况。

对体育课的医务监督第一关键点就是进行体育课的健康分组，了解体育课的健康分组情况。由于学生的身体发育、健康状况、功能水平和训练水平存在个体差异，为了使体育锻炼更有成效地促进青少年的生长发育和身体健康，避免不合理的体育活动给身体健康造成不良影响，根据从实际出发、区别对待的原则，在开展体育教学时有必要进行健康分组。

①健康分组的依据

第一，健康状况。

根据学生的既往病史和对身体各系统的生理功能检查，由医生得出健康状况良好或存在某些缺陷的结论，根据对某系统或器官病变程度的诊断和评价，确定合适的体育活动项目和适宜的运动负荷。

第二，身体发育状况。

根据学生的身高、体重和胸围等生长发育指标及身体发育上有无缺陷的情况，综合评定其身体发育程度，得出身体发育良好、中等或差的结论，确定其参加体育活动的适宜组别。

第三，生理功能状况。

采用各种生理功能检查，确定各系统的功能水平，重点是心血管系统的功能状况，以及呼吸系统、运动系统和神经系统的功能状况。

第四，运动史和身体素质状况。

通过询问运动史和对学生进行全面身体素质测试，了解其过去的运动习惯、参加运动的年限、成绩水平、运动伤病等情况；同时，通过了解其身体素质发展水平评价运动能力，得出相应的结论作为分组的依据之一。

②健康分组的组别

根据学生的健康状况、身体发育水平、功能状况及运动史，在体育教学中一般可分为三个组，各组参加体育活动的内容和要求有所不同。

第一组，基本组。

凡身体发育及健康状况无异常者，或者是身体发育和健康有轻微异常（如龋齿、轻度扁平足等），而功能检查良好，且有一定锻炼基础者，可参加基本组。凡参加此组的学生应按体育教学大纲的要求进行锻炼，并要求他们在一定的时间内通过国家体育锻炼标准，同时，也可从事专项训练和参加运动竞赛。

第二组，准备组。

凡身体发育和健康状况有轻微异常，功能状况虽无明显不良反应，但平时较少参加体育活动且身体素质较差者，可编入准备组。此组学生可按体育教学大纲的要求进行锻炼，但进度应放慢，活动强度和运动负荷也要降低并减小，不宜参加运动训练和激烈的运动竞赛。在参加全面的体育锻炼、使生理功能和身体素质逐渐提高的基础上，可以参加国家体育锻炼标准达标测验。

第三组，医疗体育组。

凡身体发育不良或健康状况明显异常者（如病残者等），虽能参加文化学习，但不能按体育教学大纲的要求进行活动者，编入此组。参加医疗体育组的学生不能按正常的体育教学大纲内容进行教学和锻炼，而必须按照医疗体育教学大纲进行医疗体育活动，以帮助其治疗疾病，恢复健康。

③健康分组的注意事项

健康分组一般应在新生入学初，在体格检查（初查）的基础上，由校医和体育教师共同协商确定组别。经过一定时期的锻炼后（一般是一个学期），再根据学生健康状况和功能水平的变化进行调整。原属医疗体育组和准备组的学生，如经过一段时间的锻炼后，健康状况和功能水平提高了，原有疾病逐渐好转或痊愈，就可转入准备组或基本组。原属基本组和准备组的学生，由各种原因引起健康状况下降，就应转入准备组或医疗体育组。

整理组别一般在每学期或每学年的体格复查后进行。个别学生如有需要，可根据具体情况与体育教师和校医取得联系，经补充体检后可提前转组。如分组发生困难时，可暂时将其编入运动强度较低的一组，经过一段时间的观察，根据主观感觉和客观检查材料，再确定组别。

体格检查时，某些学生由于精神紧张、疲劳、发烧或其他原因往往出现功能异常的反应，在这种情况下不宜匆忙确定组别，可改期进行功能检查，予以鉴别。

分组确定后，要定期观察和检查分组是否恰当，尤其对医疗体育组和刚转入运动强度较高一组的学生，更应加强医务监督。

常见疾病患者的健康分组主要有以下几种：

A. 心脏异常者

常见的心脏异常征象是心脏杂音。对心脏杂音应区别是病理性还是生理性杂音，以便确定组别。由心脏器质性病变产生的病理性杂音，如果功能试验结果正常，平时经常参加运动者可编入准备组，平时极少运动者编入医疗体育组，经过一段时间的锻炼后，根据临床征象，再考虑是否转组。功能试验结果尚有异常者，可暂不参加体育课学习。心脏杂音如为生理性者，运动后杂音消失或无变化，功能试验结果正常且身体发育良好，平时经常参加运动，可编入基本组。运动后杂音增强，功能试验结果正常，平时常运动者，也可编入基本组。平时少运动者，可编入准备组。功能试验结果异常，平时运动者，编入医疗体育组。

B. 血压增高

对血压增高的人，特别是青少年，首先要分析其是否受精神因素的影响，其次从病史中找原因。血压增高有继发性和原发性两种，继发性血压增高是伴随原发性疾病而产生的血压增高，分组时要考虑原有疾病的严重程度，一般将其编入医疗体育组，进行医疗体育活动。原发性高血压至今病因不明，多认为是由于长期紧张所致，对心脏无病理变化，自我感觉正常，功能试验反应正常，过去常运动者可编入基本组，过去少运动者编入准备组。血压明显增高（>21.3/12.3 kPa），但心脏无明显的病理改变，无自觉不良症状或症状轻微者，虽然过去经常运动，且功能试验正常者，应暂时列入医疗体育组。血压增高，心脏有病理变化，过去很少运动，功能试验异常者，列入医疗体育组，进行医疗体育活动。血压增高，心脏有病理改变，但平时常参加运动者，可列入准备组，但锻炼时必须加强监督和保健指导。检查时若发现18岁以下的青少年有血压增高征象，应考虑是否为“青少年性高血压”，对患“青少年性高血压”者，如果过去一直从事运动，则不应中止体育锻炼，但应加强保健指导，适当控制运动负荷和强度，避免进行连续紧张激烈的比赛，减少参加举重、摔跤等有屏气动作的运动项目。

C. 肺结核

对肺结核患者进行健康分组时，除考虑病变的类型和现有体征外，还需了解机体的代偿功能水平。因为同一类型的病变由于各人的体质不同，可表现出不同水平的代偿功能，可从功能试验的结果和自我感觉两方面来评价其代偿功能的好坏。局灶型肺结核，病变硬化，无自觉症状，功能试验反应正常，过去常参加体育锻炼者，可列入基本组。过去不常运动者，则编入准备组，根据参加锻炼以后的反应和自觉症状及复查结果考虑是否转组。原为浸润型肺结核，经治疗后转为局灶型不久，且过去很少运动者，编入医疗体育组，进行医疗体育。浸润型肺结核患者，可列入医疗体育组，按照医疗体育方法进行锻炼，但仍在发烧者则不应活动。病变范围较大，虽已硬结，也无自觉症状，仍应编入医疗体育组。胸膜增厚者，若不影响气体交换可列入基本组。结核性胸膜炎痊愈不久，可列入医疗体育组，逐渐增加运动负荷，然后根据情况考虑转组。上述分组必须在代偿功能良好的情况下进行，若代偿功能不全（功能检查反应不良、发烧、盗汗和消瘦等）则不宜进行体育活动。此外，分组后要经常进行医学观察，特别是自我监督指标出现异常（体重下降、食欲减退和体温升高）时，应及时请医生检查。

D. 风湿性关节炎

运动后关节疼痛或肿胀者，列入医疗体育组。关节虽无改变，但运动后或阴雨天均有疼痛者，也可暂时列入医疗体育组。关节轻度疼痛，但与运动及气候变化无关，且经常参加体育锻炼者列入基本组，不经常运动者则列入准备组。

5. 课堂结束部分的放松活动分析

在课堂的结束部分，学生的放松活动是体育教学最后阶段的重要环节。如果说准备活动在体育教学中起到非常重要的作用，那么整理活动或者说放松活动的过程与准备活动则刚好相反，它是消除疲劳、促使体力恢复的一种良好措施。适当的放松整理活动使人体由紧张的运动状态更好地过渡到相对安静的状态。其活动的强度逐渐下降，生理机能的水平逐渐平稳、降低，使肌肉对静脉挤压的作用逐渐下降到一定水平上。

整理活动使心肺活动逐渐恢复到接近原有的安静状态，如心跳减慢、减弱，肌肉血管收缩，内脏器官舒张，毛细血管收缩，呼吸减慢，氧债逐渐被偿还，以及排出过多的碳酸等，均有助于减轻心脏负荷和运动能力的恢复和提高，加速消除血乳酸，对运动训练和体育锻炼的积极意义是显著的。

表 2-59　教师在课堂结束部分安排学生进行整理活动分析表

整理活动安排情况		人数/人	百分比/%	有效百分比/%	累计百分比/%
有效	安排	40	100.0	100.0	100.0

由表 2-59 可知，被调查的所有教师在课堂结束部分都会安排学生进行整理活动，说明每一位教师都做好了学生体育课的最后一个环节，对学生运动疲劳的消除、课后的放松与恢复都可以起到良好的作用。

应根据体育教学环节的运动项目、运动量及参与运动者的特点进行不同类型的放松活动。放松活动类型主要包括以下四种：

①缓慢牵拉。包括前臂肌的屈伸牵拉、肘关节的牵拉、肩关节内收牵拉、肩关节上举牵拉、腰背肌腹肌牵拉、大腿屈伸肌的牵拉。上述几种牵拉方法，可根据参与活动的肌肉疲劳感做不同的练习。

②积极性休息。在紧张比赛或大运动量训练后，可采用在轻松愉悦的气氛中走或者慢跑的方式，使呼吸逐渐趋于平稳，心率减慢。

③游戏。组织一系列轻松的游戏，调节身心。如，老鹰捉小鸡等。

④意念放松。一种是自我意念放松，使自己全身放松。如，想象大海平静的场面或夕阳西下的情景。二是接受意念放松，如“肩放松、臂放松、深呼吸”直至全

身放松。姿势可站、可坐，也可躺下，眼要微闭。

四、教师参与体育课堂安全教育培训情况

体育教学通常是学生们在以身体练习为主的活动中，不断学习基础知识，掌握基本活动技术，逐步提高基本技能的过程，体育教师在这个过程中起着决定性的主导作用，体育教师上课前会排查教学环境风险因素，选择安全的场地、器材进行教学，课上第一环节会安排健身跑及健身操来对学生的全身或局部进行准备活动，过程中需要不断观察学生的面色、情绪、心率、血压、呼吸情况，来判断学生进行的运动强度是否适宜，运动结束部分要进行必要的身体放松活动，以有效地缓解身体疲劳及做好运动后的肌肉拉伸。整体体育教学环节风险多，对于教学风险的排查、教学环节的设计等都由教师来完成，因此教师在体育教学前的安全教育培训非常重要。

1. 体育教师在体育安全知识与技能培训参与情况分析

表 2-60　教师体育安全知识与技能培训参与情况分析表

分类项目		人数/人	百分比/%	有效百分比/%	累计百分比/%
有效	是	23	57.5	57.5	57.5
	否	17	42.5	42.5	100.0
	合计	40	100.0	100.0	

由表 2-60 可知，在被调查的体育教师中，接受体育安全知识与技能培训的教师比例为 57.5%，而表示未接受过体育安全知识与技能培训的教师占 42.5%。这一结果显示，目前接受体育安全知识与技能培训的教师人数还是不够多，以后应加强相关培训教育。

2. 教师每年接受安全教育培训机会的频率情况分析

由表 2-61 可知，教师在工作中接受安全教育培训的机会整体并不多，有 55.0%的教师反映没有接受安全教育培训的机会。而参加了安全教育培训的教师的参与次数也较少，由此反映出参加安全教育培训机会从 1 次/年，到 2 次/年、3 次/年的人数比例是逐渐递减的（22.5%，12.5%和 10.0%）。在所有的被调查者里接受培训的总人数比例为 45%，而能达到 3 次/年的教师只占 10.0%。结合之前对教师是否参加过教师安全教育培训情况的调查结果中可知，60.0%教师接受过安全教育培训、40.0%教师未参加过安全教育培训，从未接受安全教育培训的教师比例较高，近期未接受安全教育培训的教师比例较高。

表 2-61　教师每年接受安全教育培训机会的频率情况分析表

被调查教师接受安全教育培训机会频率分布		人数/人	百分比/%	有效百分比/%	累计百分比/%
有效	0 次/年	22	55.0	55.0	55.0
	1 次/年	9	22.5	22.5	77.5
	2 次/年	5	12.5	12.5	90.0
	3 次/年	4	10.0	10.0	100.0
	合计	40	100.0	100.0	

五、教师对体育教学安全事故发生的认知分析

1. 教师对高校体育课程教学安全事故发生可能性态度分析

表 2-62　教师对高校体育课程教学安全事故发生可能性态度分析表

被调查教师对高校体育课程安全事故发生态度分布		人数/人	百分比/%	有效百分比/%	累计百分比/%
有效	是	31	77.5	77.5	77.5
	否	9	22.5	22.5	100.0
	合计	40	100.0	100.0	

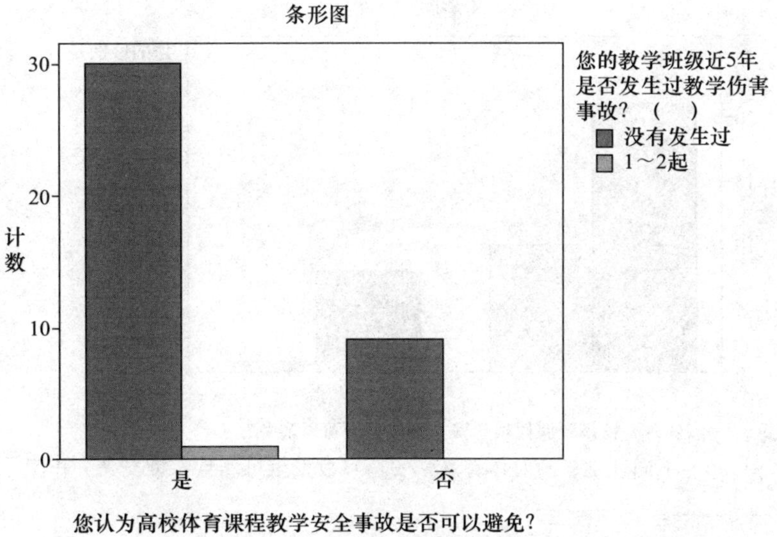

图 2-4　教师教学事故发生率与安全事故发生可能性态度交叉分析图

由表 2-62 可知，77.5%的被调查教师普遍认同高校体育课程教学中安全事故可以避免，而也有 22.5%的被调查教师认为在教学中无法避免教学安全事故的发生。

从图 2 4 可以看出，被调查教师班级内教学安全事故发生率非常低，而所有已发生过安全事故的教师和绝大多数未发生过安全事故的教师都普遍认为安全事故可以避免。合理的推测是体育教学中安全风险因素控制的措施之一；而即使发生过教学安全事故，在事故发生后回溯事故发生的原因，教师们也会普遍认为安全事故是可以通过各方面措施降低风险因素而得到有效避免的。

2. 不同性别体育教师对体育教学安全事故发生的认知分析

由图 2-5 及表 2-63 可知，更多被调查的女教师认为教学安全事故可以有效地避免，有 72.4%的被调查男教师反映可以避免体育课程的安全事故，而这一比例在女性教师中为 90.9%。更多的被调查男性教师认为无法有效避免体育课程中的安全事故。由田麦久[①]教授的项群理论中指出的运动项目可以分为表现唯美性、表现准确性、隔网对抗性、同场对抗性、格斗对抗性五种类型，回顾男女被调查教师教授的体育项目不难看出，男性教师更多地集中于教授对抗性、格斗性强、运动强度较大及安全风险较高的项目，而女教师教授的课程更趋于节奏感强，表现唯美性、准确性的项目。就项目特征来看，前一类项目显然在体育教学中发生教学风险的可能性高于后者，这印证了调查结果中男性教师与女性教师就体育课程中安全事故发生可能性结果认知的差异性。

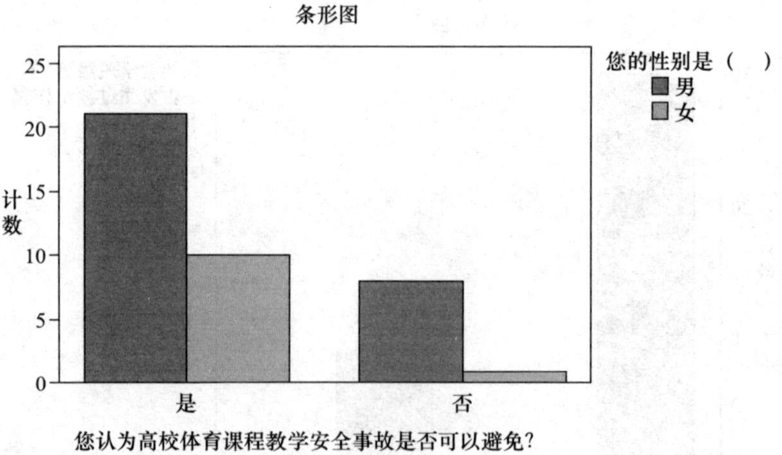

图 2-5　不同性别教师对体育教学安全事故发生可能性态度交叉分析图

① 田麦久. 运动训练学［M］. 北京：人民体育出版社，2016.

表 2-63　不同性别教师对高校体育课程中教学安全事故发生可能性态度交叉表[a]

女教师/教师总人数中的占比			性别		合计
			男	女	
您认为高校体育课程教学安全事故是否可以避免?	是	计数/人	21	10	31
		百分比/%	72.4	90.9	77.5
	否	计数/人	8	1	9
		百分比/%	27.6	9.1	22.5
合计		计数/人	29	11	40
		百分比/%	100.0	100.0	100.0

a. 此表主要是应用 SPSS 分析软件对“性别”“高校体育课程教学安全事故是否可以避免的态度”进行交叉表分析，通过此表可以看出男性教师和女性教师对教学安全事故是否可以避免的态度不一致，主观判断不同。

表 2-64　卡方检验表

统计量	值	df	渐进 Sig.（双侧）	精确 Sig.（双侧）	精确 Sig.（单侧）
Pearson 卡方	1.564[a]	1	0.211		
连续校正[b]	0.684	1	0.408		
似然比	1.789	1	0.181		
Fisher 的精确检验				0.399	0.209
线性和线性组合	1.525	1	0.217		
有效案例中的 N	40				

a. 1 单元格（25.0%）的期望计数少于 5。最小期望计数为 2.48。

b. 仅对 2×2 表计算

由表 2-64 可知，虽然在交叉表中反映出了不同性别教师对体育课安全事故发生率的差异性，不过就卡方检验的结果来看，$P>0.05$，差异并不具有统计学意义。

第五节　高校体育教学中教师安全与风险防范因素影响性分析现状

一、教师安全与风险防范因素主成分分析

为了了解在体育教学中学生、教师、场地、环境及其他等因素对体育教学的安全风险差异性，现对所有影响因素进行主成分分析，选取变量：

X1：学生技术动作不正确
X2：学生安全意识不强
X3：学生缺乏自我保护
X4：学生心理素质差
X5：学生注意力不集中
X6：学生生病
X7：教师课前准备工作不到位
X8：教师未进行课前健康检查
X9：教师安全意识不强
X10：教师专业技术能力不强
X11：教师不善于发现安全隐患
X12：教师保护工作不到位
X13：上课纪律松散
X14：教学秩序混乱
X15：教学内容难度大
X16：教师没有进行安全教育
X17：教学差错
X18：其他同学的过错、过失
X19：教学设备质量不合格
X20：教学器材损坏
X21：器材设施建造不合理
X22：教学场地不合标准
X23：恶劣天气
X24：其他

结果如下：

表 2-65 Kaiser-Meyer-Olkin（KMO）和 Bartlett 的检验表

取样足够度的 KMO 度量		0.681
Bartlett 的球形度检验	近似卡方	1135.171
	df	276
	Sig.	0.000

由 KMO 和 Bartlett 的检验结果可知，KMO 为 0.681，说明变量之间的相关性强，原有变量适合做因子分析。

Bartlett 的球度检验值为 0.000，该值≤0.05，说明变量间存在很强的相关关系。符合因子分析条件，可进行因子分析，并进一步进行主成分分析。

表 2-66　解释的总方差表

成分	初始特征值			提取平方和载入			旋转平方和载入		
	合计	方差的%	累积%	合计	方差的%	累积%	合计	方差的%	累积%
X1	14.691	61.214	61.214	14.691	61.214	61.214	8.179	34.081	34.081
X2	2.026	8.440	69.654	2.026	8.440	69.654	5.161	21.503	55.584
X3	1.188	4.949	74.603	1.188	4.949	74.603	4.565	19.019	74.603
X4	0.978	4.073	78.676						
X5	0.909	3.787	82.464						
X6	0.722	3.010	85.473						
X7	0.618	2.576	88.050						
X8	0.476	1.985	90.035						
X9	0.423	1.764	91.799						
X10	0.335	1.396	93.195						
X11	0.308	1.282	94.477						
X12	0.255	1.064	95.541						
X13	0.223	0.931	96.472						
X14	0.181	0.753	97.225						
X15	0.169	0.704	97.928						
X16	0.144	0.600	98.528						
X17	0.106	0.442	98.970						
X18	0.073	0.306	99.275						
X19	0.053	0.223	99.498						
X20	0.044	0.182	99.681						
X21	0.037	0.152	99.833						
X22	0.025	0.102	99.935						
X23	0.013	0.052	99.987						
X24	0.003	0.013	100.000						

提取方法：主成分分析法。

由表 2-66 可知，提取三个主成分，主成分因子累计贡献率 74.603%，累计贡献率<80%，由反映象相关矩阵中如表 2-67 所示。

表 2-67　公因子方差表

成分	初始	提取
学生技术动作不正确	1.000	0.591
学生安全意识不强	1.000	0.660
学生缺乏自我保护	1.000	0.816
学生心理素质差	1.000	0.774
学生注意力不集中	1.000	0.652
学生生病	1.000	0.398
教师课前准备工作不到位	1.000	0.694
教师未进行课前健康检查	1.000	0.807
教师安全意识不强	1.000	0.774
教师专业技术能力不强	1.000	0.760
教师不善于发现安全隐患	1.000	0.920
教师保护工作不到位	1.000	0.870
上课纪律松散	1.000	0.831
教学秩序混乱	1.000	0.830
教学内容难度大	1.000	0.713
教师没有进行安全教育	1.000	0.716
教学差错	1.000	0.747
其他同学的过错、过失	1.000	0.823
教学设备质量不合格	1.000	0.801
教学器材损坏	1.000	0.764
器材设施建造不合理	1.000	0.858
教学场地不合标准	1.000	0.813
恶劣天气	1.000	0.705
其他	1.000	0.590

提取方法：主成分分析法。

根据次标准，数据显示学生疾病、其他、学生技术动作不正确、学生安全意识不强、学生注意力不集中变量不适合做因子分析，所以删去，重新做因子分析。

去除学生疾病、其他、学生技术动作不正确、学生安全意识不强、学生注意力不集中 5 个变量，最终选取变量为以下 19 个：

X1：学生缺乏自我保护

X2：学生心理素质差

X3：教师课前准备工作不到位

X4：教师未进行课前健康检查

X5：教师安全意识不强

X6：教师专业技术能力不强

X7：教师不善于发现安全隐患

X8：教师保护工作不到位

X9：上课纪律松散

X10：教学秩序混乱

X11：教学内容难度大

X12：教师没有进行安全教育

X13：教学差错

X14：其他同学的过错、过失

X15：教学设备质量不合格

X16：教学器材损坏

X17：器材设施建造不合理

X18：教学场地不合标准

X19：恶劣天气

之后的因子分析结果见表 2-68。

表 2-68　KMO 和 Bartlett 的检验表

取样足够度的 KMO 度量		0.829
Bartlett 的球形度检验	近似卡方	882.874
	d*f*	171
	Sig.	0.000

由 KMO 和 Bartlett 的检验结果可知，KMO 为 0.829，说明变量之间的相关性强，原有变量适合做因子分析。

Bartlett 的球度检验值为 0.000，该值≤0.05，说明变量间存在很强的相关关系。符合因子分析条件，可进行因子分析，并进一步进行主成分分析。

表 2-69 公因子方差表

成分	初始	提取
学生缺乏自我保护	1.000	0.853
学生心理素质差	1.000	0.826
教师课前准备工作不到位	1.000	0.689
教师未进行课前健康检查	1.000	0.834
教师安全意识不强	1.000	0.783
教师专业技术能力不强	1.000	0.753
教师不善于发现安全隐患	1.000	0.918
教师保护工作不到位	1.000	0.880
上课纪律松散	1.000	0.844
教学秩序混乱	1.000	0.827
教学内容难度大	1.000	0.720
教师没有进行安全教育	1.000	0.722
教学差错	1.000	0.727
其他同学的过错、过失	1.000	0.828
教学设备质量不合格	1.000	0.824
教学器材损坏	1.000	0.823
器材设施建造不合理	1.000	0.871
教学场地不合标准	1.000	0.820
恶劣天气	1.000	0.692

提取方法：主成分分析法。

表 2-70 解释的总方差表

成分	初始特征值			提取平方和载入			旋转平方和载入		
	合计	方差的%	累积%	合计	方差的%	累积%	合计	方差的%	累积%
1	12.760	67.157	67.157	12.760	67.157	67.157	7.668	40.359	40.359
2	1.337	7.036	74.193	1.337	7.036	74.193	5.029	26.468	66.827
3	1.139	5.995	80.188	1.139	5.995	80.188	2.538	13.360	80.188
4	0.703	3.698	83.886						
5	0.606	3.189	87.075						
6	0.441	2.321	89.396						
7	0.374	1.971	91.367						

续表

成分	初始特征值			提取平方和载入			旋转平方和载入		
	合计	方差的%	累积%	合计	方差的%	累积%	合计	方差的%	累积%
8	0.316	1.666	93.033						
9	0.271	1.427	94.460						
10	0.228	1.200	95.660						
11	0.211	1.110	96.770						
12	0.158	0.833	97.602						
13	0.128	0.672	98.274						
14	0.099	0.520	98.794						
15	0.090	0.472	99.265						
16	0.062	0.328	99.593						
17	0.037	0.192	99.786						
18	0.025	0.132	99.917						
19	0.016	0.083	100.000						

提取方法：主成分分析法。

由表2-70可知，因子累计百分比为80.188%，累计贡献率>80%，且特征值均大于1。

结论：

初始特征根：λ1=7.668，λ2=5.029，λ3=2.538

主成分贡献率：*r*1=40.359%，*r*2=26.468%，*r*3=13.360%

表2-71　旋转成分矩阵[a]

影响因子	成分		
	1	2	3
学生缺乏自我保护	0.142	0.343	0.845
学生心理素质差	0.239	0.067	0.874
教师课前准备工作不到位	0.734	0.368	0.124
教师未进行课前健康检查	0.670	0.402	0.474
教师安全意识不强	0.717	0.391	0.340
教师专业技术能力不强	0.774	0.303	0.250
教师不善于发现安全隐患	0.872	0.352	0.187

续表

影响因子	成分		
	1	2	3
教师保护工作不到位	0.907	0.237	0.045
教学秩序混乱	0.828	0.336	0.171
上课纪律松散	0.776	0.362	0.334
教学内容难度大	0.731	0.387	0.191
教师没有进行安全教育	0.720	0.426	0.151
教学差错	0.561	0.571	0.295
其他同学的过错、过失	0.607	0.617	0.280
教学设备质量不合格	0.451	0.763	0.199
教学器材损坏	0.381	0.822	0.034
器材设施建造不合理	0.316	0.853	0.208
教学场地不合标准	0.335	0.790	0.288
恶劣天气	0.572	0.542	0.267

提取方法：主成分分析法。

旋转法：具有 Kaiser 标准化的正交旋转法。

a. 旋转在 5 次迭代后收敛。

从旋转之后的主成分载荷矩阵可以看出：

（1）教师课前准备工作不到位、教师未进行课前健康检查、教师安全意识不强、教师专业技术能力不强、教师不善于发现安全隐患、教师保护工作不到位、上课纪律松散、教学秩序混乱、教学内容难度大、教师没有进行安全教育、教学差错与主成分 1 密切相关，可将其总结归纳为教师及教学安排指标。

（2）其他同学的过错、过失，教学设备质量不合格，教学器材损坏，器材设施建造不合理，教学场地不合标准，以及恶劣天气与主成分 2 密切相关，可将其归纳总结为教学中硬件设施及环境指标。

（3）学生缺乏自我保护、学生心理素质差与主成分 3 密切相关，可将其归纳为学生自身指标。

第三章　高校学生运动安全认知与运动风险防范能力现状分析

第一节　被调查学生个人资料分析

1. 被调查学生性别分析

表 3-1　被调查学生性别分析表

选项	小计/人	比例/%
A. 男	345	53.91
B. 女	295	46.09
本题有效填写人次	640	

由表 3-1 可知，被调查学生男女比例适当，其中男生 345 人，占被调查学生总人数的 53.91%；女生 295 人，占被调查学生总人数的 46.09%。

2. 被调查学生年级分析

表 3-2　被调查学生年级分布表

选项	小计/人	比例/%
A. 大学一年级	14	2.19
B. 大学二年级	562	87.81
C. 大学三年级	37	5.78
D. 大学四年级	27	4.22
本题有效填写人次	640	

由表 3-2 可知，被调查的学生以大二学生为主，共有 562 名大二学生接受调查，占总人数的 87.81%。

第二节　学生运动安全认知与风险防范能力的现状分析

1. 学生个人的体育安全意识认知分析

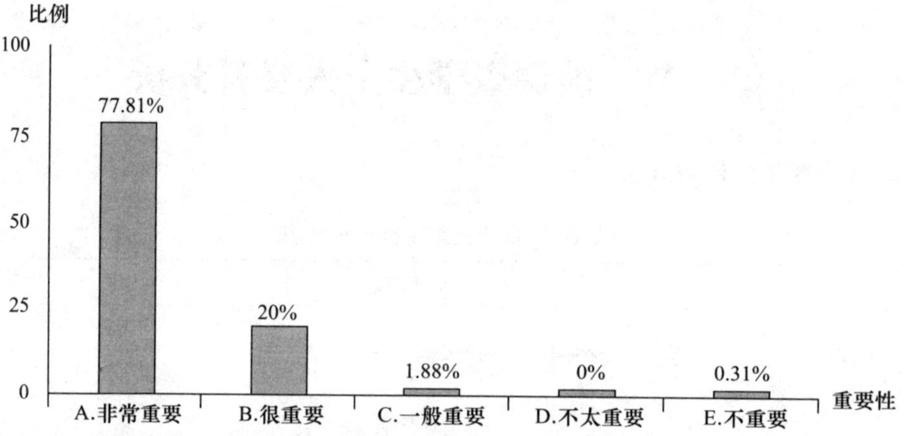

图 3-1　学生个人的体育安全意识认知态度图

由图 3-1 可知，有 99.69%的被调查学生认为个人的体育安全意识重要，其中 77.81%的学生认为非常重要，说明了绝大多数的大学生都能认同体育安全意识的重要性。

2. 学生个人的体育安全态度认知分析

表 3-3　学生个人的体育安全态度认知分析表

选项	小计/人	比例/%
A. 非常重要	499	77.97
B. 很重要	126	19.69
C. 一般重要	13	2.03
D. 不太重要	0	0
E. 不重要	2	0.31
本题有效填写人次	640	

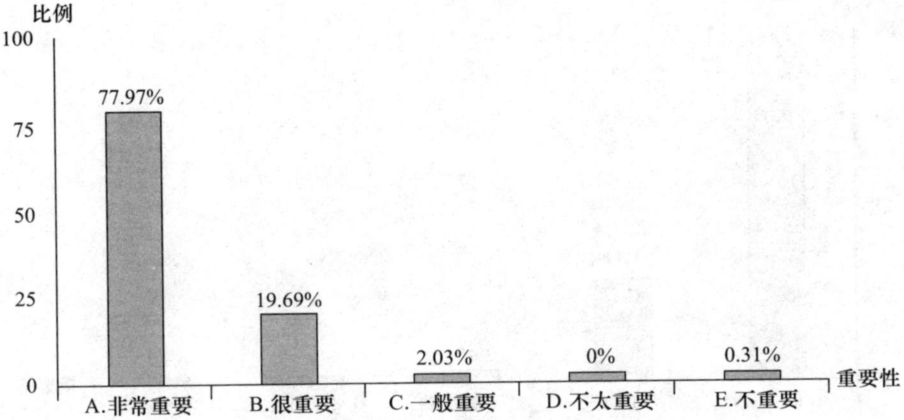

图 3-2 学生个人的体育安全认知态度图

由图 3-2 可知，有 99.69%的被调查学生认为个人的体育安全态度重要，其中 77.97%的学生认为非常重要，说明了绝大多数的大学生都能认同体育安全态度的重要性。

3. 学生个人的体育安全能力认知分析

表 3-4 学生个人的体育安全能力认知分析表

选项	小计/人	比例/%
A. 非常重要	470	73.44
B. 很重要	150	23.44
C. 一般重要	18	2.81
D. 不太重要	0	0
E. 不重要	2	0.31
本题有效填写人次	640	

由图 3-3 及表 3-4 可知，有 99.69%的被调查学生认为个人的体育安全能力重要，其中 73.44%的学生认为非常重要，说明了绝大多数的大学生都能认同体育安全态度的重要性。不过与前两项调查中的体育安全意识与体育安全态度的调查结果相比，显然学生们对体育安全能力的重要程度的认同有所下降。更多的同学更加认可体育安全意识及体育安全态度的重要性，而较忽视体育安全的能力的重要性。

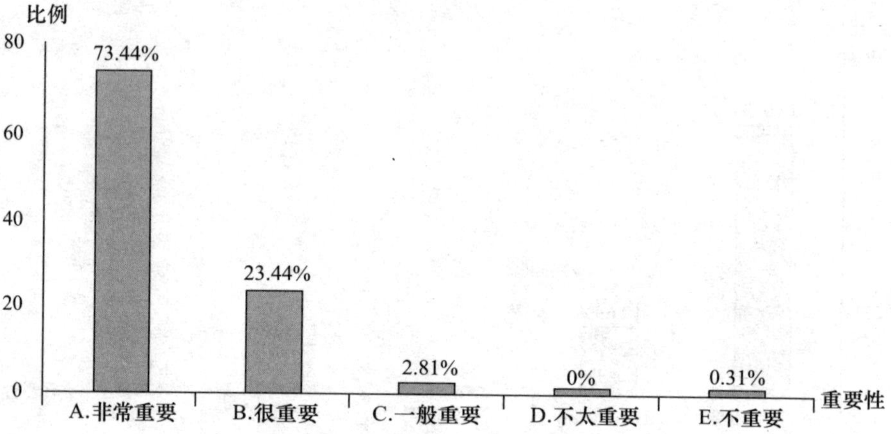

图 3-3　学生个人的体育安全能力认知态度图

第三节　被调查学生体育课安全常识现状分析

一、学生课堂自觉性分析

1. 学生遵守体育课堂纪律情况分析

表 3-5　学生遵守体育课堂纪律情况分析表

选项	小计/人	比例/%
A. 非常自觉	457	71.41
B. 经常自觉	162	25.31
C. 偶尔自觉	16	2.5
D. 不自觉	5	0.78
本题有效填写人次	640	

课堂纪律松散、学生不执行课堂纪律会增加体育教学中的风险因素。由表 3-5 可知，绝大多数被调查学生都能自觉遵守体育课堂纪律，有 99.22%的学生表示能够遵守体育课堂纪律，只有 0.78%的学生反映对于体育课堂纪律不能自觉遵守。

2. 体育教学中，学生穿着运动服装参加体育运动情况分析

由表 3-6、图 3-4 可知，绝大多数被调查学生表示能自觉穿着运动服装参加体育运动，640 名被调查学生中只有 0.78%的学生表示对于体育教学中的着装不自觉。体育教学中运动着装非常重要，合适的运动服装及运动鞋能使体育运动的参与者更加舒适，自由度大，技术动作完成更加到位。另外，运动着装大多具备透气、吸汗或速干等特点，对于运动中大量排汗处理效果好，不易因衣服湿透引发不适及感冒，同时专业的运动鞋还能对人体产生很好的功能性保护，如篮球鞋对脚踝包裹效果好，有很强的缓冲能力，而羽毛球鞋及网球鞋与地面有更好的摩擦效果。

表 3-6　学生穿着运动服装参加体育运动情况分析表

选项	小计/人	比例/%
A. 非常自觉	496	77.5
B. 经常自觉	115	17.97
C. 偶尔自觉	24	3.75
D. 不自觉	5	0.78
本题有效填写人次	640	

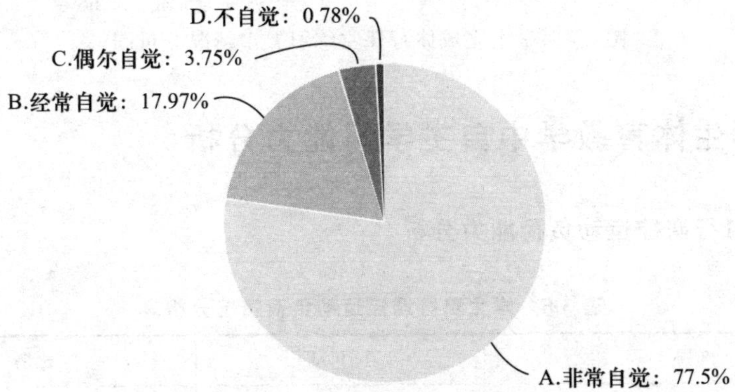

图 3-4　学生穿着运动服装参加体育运动情况分析图

3. 学生完成体育课堂练习要求情况分析

由表 3-7、图 3-5 可知，被调查学生对于教师在体育课堂的练习要求都能够认真完成的，仅有 4 人，0.63%的被调查学生反映对于体育课堂练习任务要求不会完成。体育课堂教学练习是体育教学安排的体现。更有效地完成体育教学的课堂练习，会对学生的身体体质、运动技能的提高产生非常好的影响。

表 3-7　学生完成体育课堂练习的要求情况分析表

选项	小计/人	比例/%
A. 一定完成	561	87.66
B. 偶尔完成	75	11.72
C. 不会完成	4	0.63
本题有效填写人次	640	

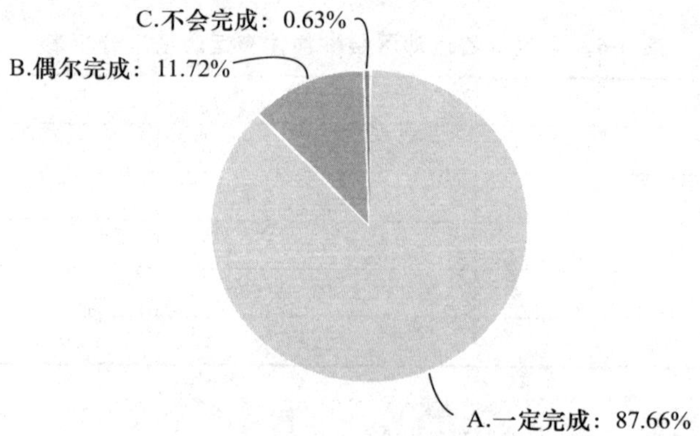

图 3-5　学生完成体育课堂练习要求情况分析图

二、学生体育教学中自主学习能力分析

1. 学生自行调控运动负荷能力分析

表 3-8　学生自行调控运动负荷情况分析表

选项	小计/人	比例/%
A. 会	217	33.91
B. 有时会	330	51.56
C. 不会	93	14.53
本题有效填写人次	640	

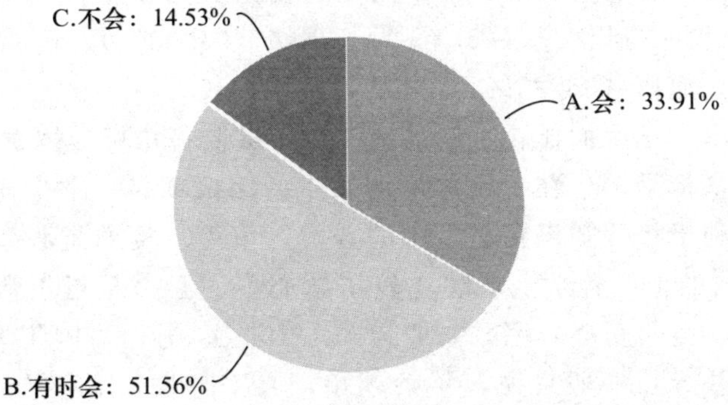

图 3-6　学生自行调控运动负荷情况分析图

从严格意义上讲，体育锻炼对人体产生的影响好坏并不单纯取决于运动量，而是取决于运动负荷（“运动量”只是一种通俗的叫法）。组成运动负荷的主要因素是“量”和“强度”。在体育教学中主要是以身体健康水平、运动水平为分类依据，将学生分为基本组、准备组及保健体育组。因而虽说教学中会采用循序渐进、区别对待的教学原则，不过仍然很难做到对每一个学生都进行完全个性化的体育教学，故而在体育学习中教会学生具备自行调控运动负荷的能力，是一个有效减少体育教学中运动风险的重要方式。

从表 3-8、图 3-6 可以看出，有 85.47％的被调查学生具备自行调控运动负荷的能力，但不容乐观的是 640 名被调查者中仍有 93 名学生反映自己不具备自行调控运动负荷的能力。这说明对于学生来说，教师注重训练运动负荷调控的能力是比较重要的内容。

2. 学生对个人的运动医务监督指标了解情况分析

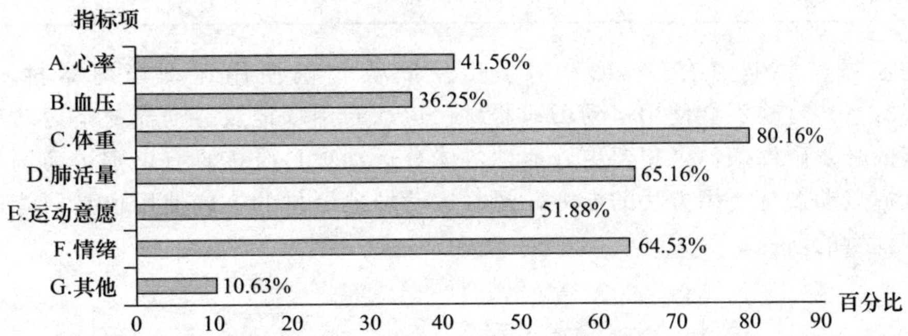

图 3-7　学生对个人的运动医务监督指标了解情况分析图

由图 3-7 可知，被调查学生对于个人的运动医务监督指标的了解度由高到低依次是体重（80.16%）、肺活量（65.16%）、情绪（64.53%）、运动意愿（51.88%）、心率（41.56%）、血压（36.25%），以及其他（10.63%）。

由此可以看出，学生们比较了解的前三位医务监督指标为体重、肺活量和情绪。其中体重和肺活量都是学生在每年体质测试中的测试项目，学生比较熟悉，这也说明数据的测试有利于相关知识在学生中的普及。值得一提的是心率指标排名倒数第三，只有 41.56%的被调查学生反映比较了解心率。心率是指正常人安静状态下每分钟心跳的次数，也叫安静心率，一般为 60～100 次/分，可因年龄、性别或其他生理因素产生个体差异。一般来说，年龄越小，心率越快，老年人心跳比年轻人慢，女性的心率比同龄男性快，这些都是正常的生理现象。安静状态下，成人正常心率为 60～100 次/分，理想心率应为 55～70 次/分（运动员的心率较普通成人偏慢，一般为 50 次/分左右）。心率变化与心脏疾病密切相关。如果心率超过 160 次/分，或低于 40 次/分，大多意味可能患有心脏病，如常伴有心悸、胸闷等不适感。而日常中的基础心率是很好地监测个人身体状况及运动训练负荷是否适当的重要指标，在心率表①逐渐普及的当下，有约 40%的学生对于心率不太了解实际是不合理的，在体育教学中应加强普及。

3. 学生正确使用运动场地器材能力分析

表 3-9 学生正确使用运动场地器材能力分析表

选项	小计/人	比例/%
A. 会	295	46.09
B. 有些会	327	51.09
C. 不会	18	2.81
本题有效填写人次	640	

在被调查学生中有 97.18%的学生反映会正确使用运动场地器材。有 18 人（2.81%）反映不会使用运动场地器材。运动专用场地及运动器材是运动项目学习开展的必要硬件条件，想要更好地学习体育运动项目应该具有识别运动场地适宜度、掌握运动器材使用方法的能力，同时运动场地器材的正确使用也是预防运动损伤意外发生的前提。

① 指的是运动手环可记录心率、血压等指标。

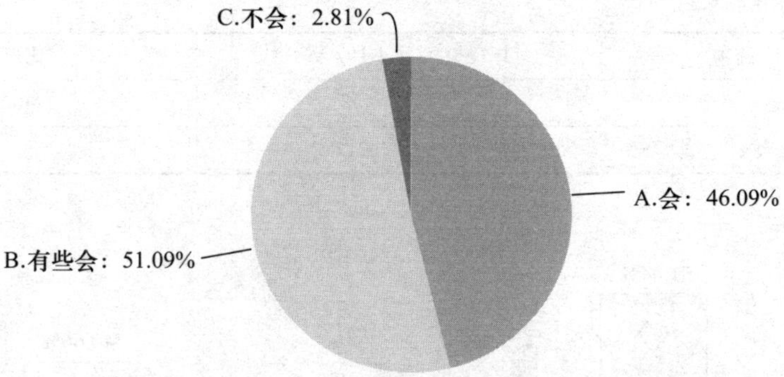

图 3-8　学生正确使用运动场地器材能力分析图

第四节　被调查学生对运动防护知识的认知现状分析

一、学生对运动损伤知识了解情况分析

1. 被调查学生对运动损伤知识了解情况分析

表 3-10　被调查学生对运动损伤知识了解情况分析表

选项	小计/人	比例/%
A. 了解	241	37.66
B. 不了解	399	62.34
本题有效填写人次	640	

由表 3-10 可知，被调查学生对运动损伤知识的了解情况非常低，只有 37.66％被调查学生反映了解运动损伤的知识。运动损伤指运动过程中发生的各种损伤，必要的运动损伤知识对于学生监测个人身体情况、预防运动损伤有非常重要的意义。

2. 学生了解运动损伤的种类情况分析

表 3-11　学生了解运动损伤的种类情况分析表

选项	小计/人	比例/%
A. 开放性软组织损伤	123	51.04
B. 闭合性软组织损伤	20	8.3

续表

选项	小计/人	比例/%
C. 都了解	98	40.66
本题有效填写人次	241	

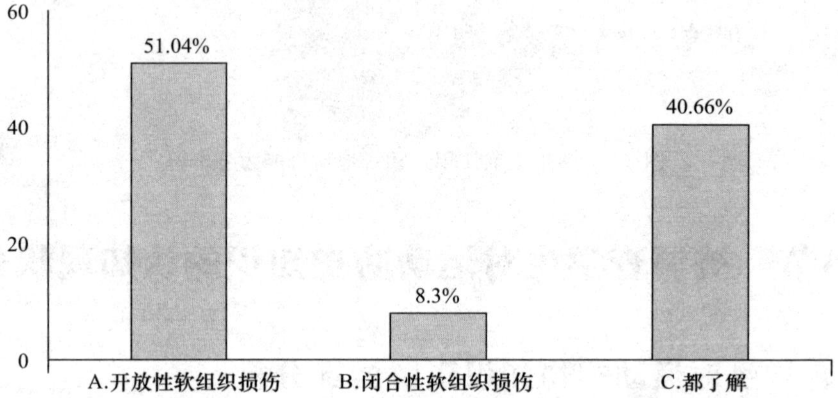

图 3-9　学生了解运动损伤的种类情况分析图

运动损伤依据皮肤或黏膜是否遭到破坏分为开放性运动损伤及闭合性运动损伤。这一分类形式也是主要的运动损伤分类形式，不同的开放性损伤与闭合性损伤在发病机制、损伤表现及处理和预防方面都有所不同。通过对了解运动损伤的241名学生进行调查后发现，对于两者都了解的学生占比40.66%，而对于开放性软组织损伤的了解度高于闭合性软组织损伤。一般开放性软组织损伤合并血管向体外出血，症状非常明显，表现严重，更容易被发现，因而更易被重视和治疗。而闭合性软组织损伤后外部表象不明显，可能会引起人体局部的红、肿、热、痛及功能障碍，是一类容易被忽视，而治愈后机体恢复较差的运动损伤。学生调查结果也反映了这一现象，教师在其后的体育教学中应着重对闭合性运动损伤的讲解。

3. 学生对开放性软组织损伤知识了解情况分析

表 3-12　学生对开放性软组织运动损伤知识了解情况分析表

选项	小计/人	比例/%
A. 损伤的种类	149	61.83
B. 损伤的发生原因	149	61.83

续表

选项	小计/人	比例/%
C. 损伤的症状	157	65.15
D. 损伤的急救措施	131	54.36
E. 损伤的治疗	87	36.10
F. 损伤的预防措施	119	49.38
G. 其他	32	13.28
本题有效填写人次	241	

由表 3-12 可知，被调查学生对开放性软组织损伤知识的了解主要集中在损伤的症状、损伤的种类及发生的原因，选择的比例依次是 65.15%、61.83%及 61.83%。而对于开放性软组织损伤的预防措施、治疗方式了解不多，被调查者中只有 49.38%的学生了解开放性软组织损伤的预防措施，36.10%的学生了解损伤的治疗。相比损伤的种类、原因及症状，更应该做好运动损伤的预防、发生后的急救及治疗。学生对开放性软组织损伤的认知反映了学生对运动损伤知识的了解不足，不利于学生对运动损伤的预防、发生损伤后的治疗与康复。

4. 学生对闭合性软组织损伤知识了解情况分析

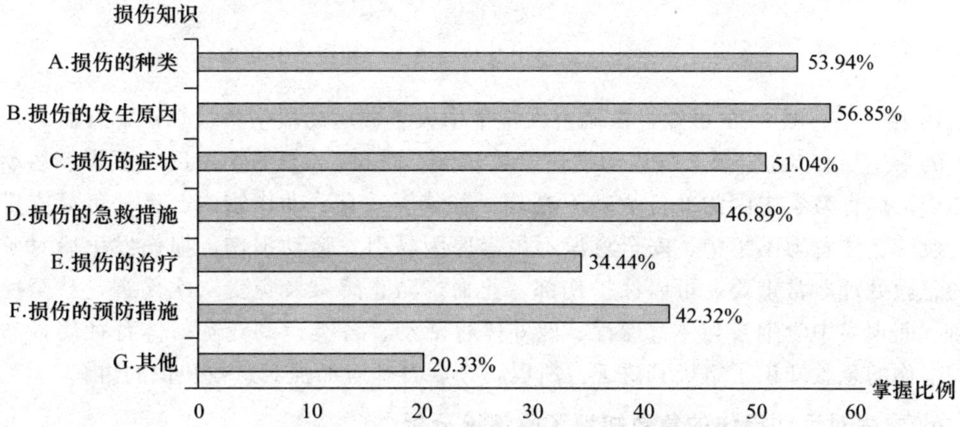

图 3-10　学生对闭合性软组织损伤知识了解情况分析图

由表 3-12、图 3-10 可知，被调查学生对闭合性软组织损伤与开放性软组织损伤的知识掌握程度接近，被调查学生对闭合性软组织损伤知识的掌握前三位依次是损伤的原因、种类及症状，所占比例依次是 56.85%、53.94%及 51.04%，而对于闭合性软组织损伤的急救、预防及治疗也是学生的知识薄弱环节，占比依次是

46.89%、42.32%及34.44%。值得一提的是，将闭合性软组织损伤与开放性软组织损伤的知识掌握程度进行对比可以看出，学生对闭合性软组织损伤的各方面知识掌握程度都低于对开放性软组织损伤的知识的掌握，进一步印证了之前得出的两类知识的总体掌握程度。

5. 学生对运动损伤的急救知识了解情况分析

表 3-13　学生对运动损伤急救知识了解情况分析表

选项	小计/人	比例/%
A. 了解	246	38.44
B. 不了解	394	61.56
本题有效填写人次	640	

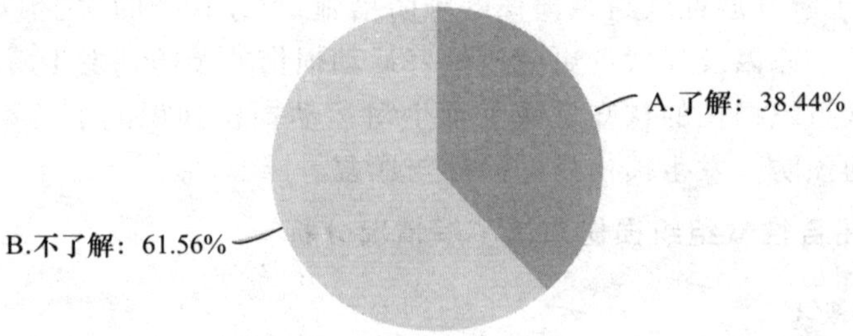

图 3-11　学生运动损伤急救知识了解知晓率分析图

由表3-13、图3-11可知，被调查大学生中大多数运动损伤急救知识非常匮乏。被调查的学生只有38.44%了解运动损伤急救知识，而61.56%的学生反映不了解运动损伤知识。体育教学中因为准备活动不充分、着装不适宜、动作错误、运动负荷安排不当、疲劳、注意力不集中、安全意识不足等原因易引发运动损伤，损伤发生后对于损伤的急救处理非常重要，可以保护伤部、止血、防止感染及免受二次伤害，甚至挽救生命。而现实中学生参与体育课程、课外体育活动、各类运动竞赛、体育社团，却对运动损伤的急救知识了解极其匮乏。所以，今后教师应加强对急救知识的讲解。

6. 学生对运动损伤的急救知识了解情况分析

表 3-14　学生对运动损伤急救知识了解情况分析表

选项	小计/人	比例/%
A. 出血的急救	143	58.13
B. 急救包扎方法	133	54.07

续表

选项	小计/人	比例/%
C. 骨折的急救	82	33.33
D. 关节脱位的急救	49	19.92
E. 心肺复苏	96	39.02
F. 搬运伤员的方法	51	20.73
G. 其他	25	10.16
本题有效填写人次	246	

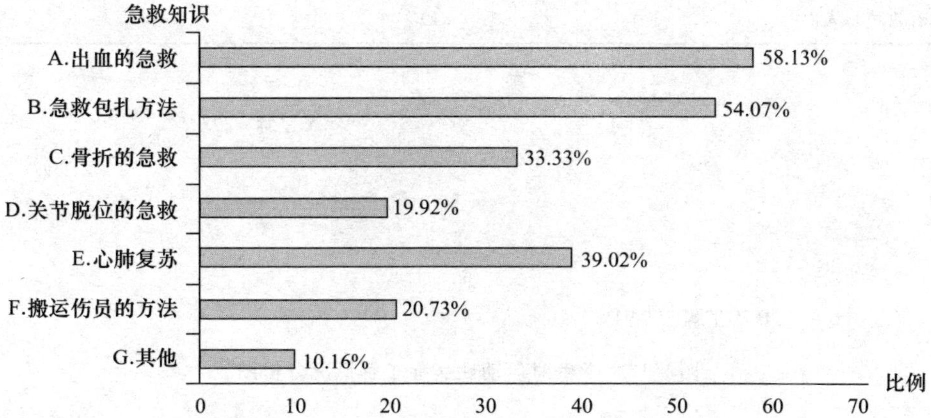

图 3-12　学生对运动损伤急救知识了解情况分析图

由表 3-14、图 3-12 可知，学生掌握的急救知识集中在出血的急救（58.13%）、急救包扎方法（54.07%）、心肺复苏知识（39.02%），对于骨折的急救（33.33%）、关节脱位的急救（19.92%）及搬运伤员的方法（20.73%）掌握不足。

学生对知识的了解特征可以从以下原因进行分析：出血的急救、包扎方法及心肺复苏在教学中涉及较多，学生学习后掌握较好，而课堂教学中教师对骨折的急救、关节的脱位及搬运伤员的方法讲解不够，今后应加强。

二、学生对运动性病症了解情况分析

1. 学生对运动性病症的知识了解情况分析

运动性病症又称运动性疾病，是由于运动训练或比赛安排不当而导致的疾病或异常，常见的有过度训练、过度紧张、心律失常、运动性蛋白尿、血尿、管型尿、血红蛋白尿、肌红蛋白尿、运动性贫血、运动性高血压、低热、运动员肝脏疼痛综合征及停训综合征等。由表3-15、图3-13可知，被调查学生对运动性病症的知识掌握不足。只有29.06%的学生了解运动性病症，这一比例甚至低于运动损伤急救知识的掌握人数，而运动性病症在发生人数、发生频率方面较多或较高，因此应加强运动性病症的教学工作。

表3-15 学生对运动性病症了解情况分析表

选项	小计/人	比例/%
A. 了解	186	29.06
B. 不了解	454	70.94
本题有效填写人次	640	

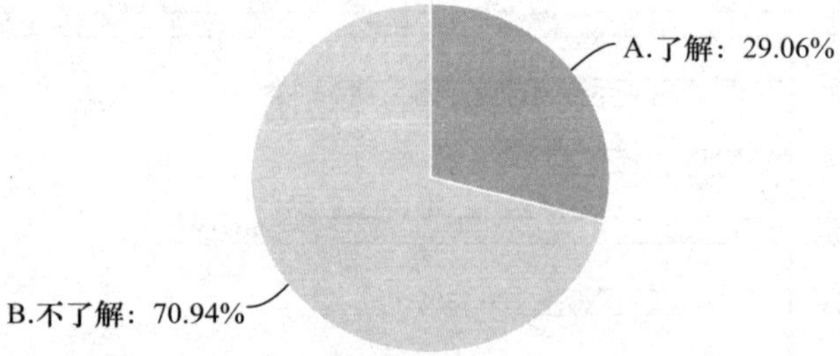

图3-13 学生对运动性病症了解情况分析图

2. 学生对运动性病症知识了解情况分析（见表3-16）

表3-16 学生对运动性病症知识了解情况分析表

选项	小计/人	比例/%
A. 运动性腹痛	86	46.24
B. 运动性蛋白尿	48	25.81
C. 运动性血尿	47	25.27
D. 肌肉痉挛	100	53.76
E. 运动性中暑	72	38.71
F. 过度训练综合征	37	19.89
G. 过度紧张	42	22.58

续表

选项	小计发/人	比例/%
H. 冻伤	17	9.14
I. 运动性晕厥	20	10.75
J. 运动性脱水	22	11.83
K. 运动性猝死	12	6.45
L. 运动性贫血	7	3.76
M. 其他	5	2.69
本题有效填写人次	186	

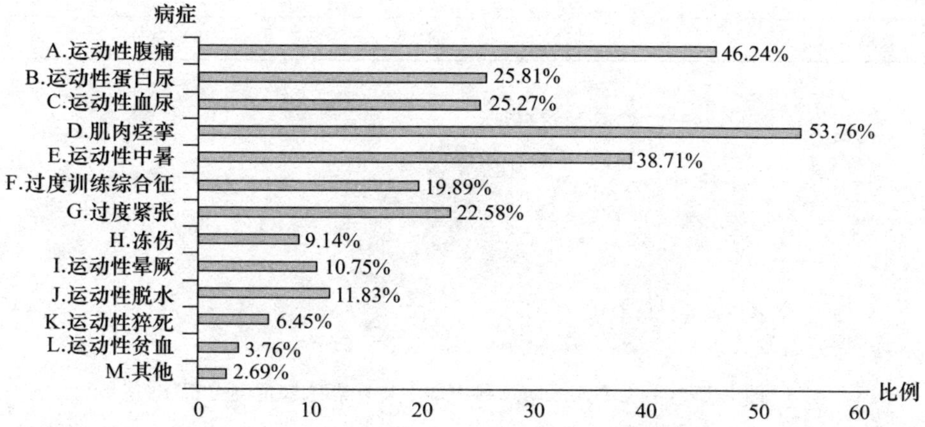

图 3-14　学生对运动性病症了解情况分析图

由表 3-16、图 3-14 可知，学生对各类运动性病症的了解程度前五位由高到低依次是肌肉痉挛（53.76%）、运动性腹痛（46.24%）、运动性中暑（38.71%）、运动性蛋白尿（25.81%）、运动性血尿（25.27%），而对于排名后五位的运动性脱水（11.83%）、运动性晕厥（10.75%）、冻伤（9.14%）、运动性猝死（6.45%）及运动性贫血（3.76%）的了解不多。特别需要指出的是运动性晕厥、冻伤的发病率高，与学生体育运动关系密切，运动性猝死的症状严重，危害生命。因而加强对运动性晕厥、冻伤、运动性猝死等知识的宣传教育，加强运动性病症知识的普及刻不容缓。

第五节 被调查学生运动风险识别及处理能力分析

一、学生运动过程中的个人不良状态感知及处理方式分析

1. 学生个人运动过程中的不良状态感知分析

表 3-17 学生个人运动过程中的不良状态感知情况分析表

选项	小计/人	比例/%
A. 会	281	43.90
B. 有时会	310	48.44
C. 不会	49	7.66
本题有效填写人次	640	

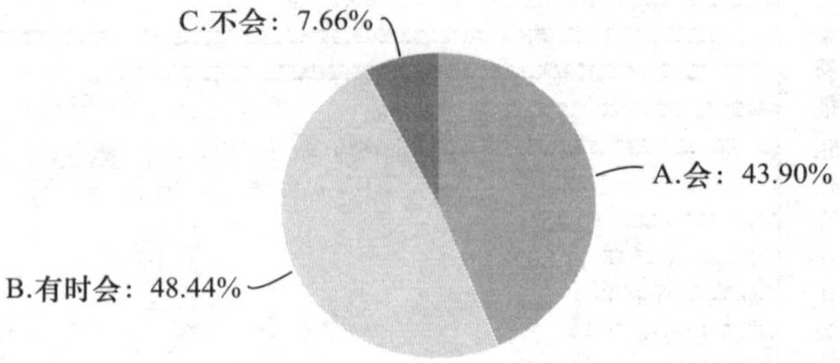

图 3-15 学生个人运动过程中的不良状态感知情况分析图

由表 3-17、图 3-15 可知，绝大多数学生（92.34%）的学生反映会或有时会感觉个人的不良状态，只有 7.66%的学生反映自己不会感觉个人的不良状态。

2. 学生运动中个人危险信号识别情况分析

表 3-18 学生运动中个人危险信号识别情况分析表

选项	小计/人	比例/%
A. 心绞痛	317	49.53
B. 心悸	276	43.13
C. 血压变化	187	29.22
D. 呼吸困难	512	80.00

续表

选项	小计/人	比例/%
E. 大汗淋漓	323	50.47
F. 面色发白	369	57.66
G. 精神不济	312	48.75
H. 其他	84	13.13
本题有效填写人次	640	

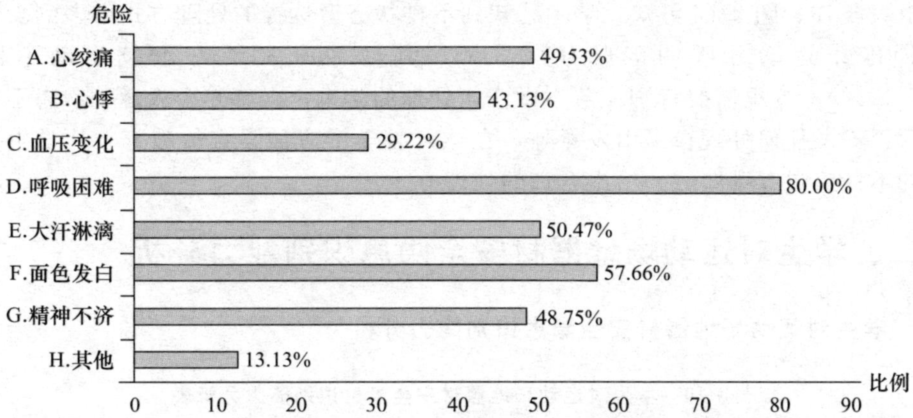

图 3-16　学生运动中个人危险信号识别情况分析图

由表 3-18、图 3-16 可知，被调查学生能意识到危险信号由强到弱依次是呼吸困难（80.00%）、面色发白（57.66%）、大汗淋漓（50.47%），而对心悸（43.13%），以及血压变化（29.22%）感知不多。这一调查结果反映了学生对直观的主观感觉感知力强，对心血管系统的指标感知力不强。

3. 学生感知到自己运动状态不良后处理方法分析

表 3-19　学生感知到自己运动状态不良后的处理方法分析表

选项	小计/人	比例/%
A. 立即停止运动并呼叫老师	445	75.30
B. 继续运动不做处理	48	8.12
C. 其他	98	16.58
本题有效填写人次	591	

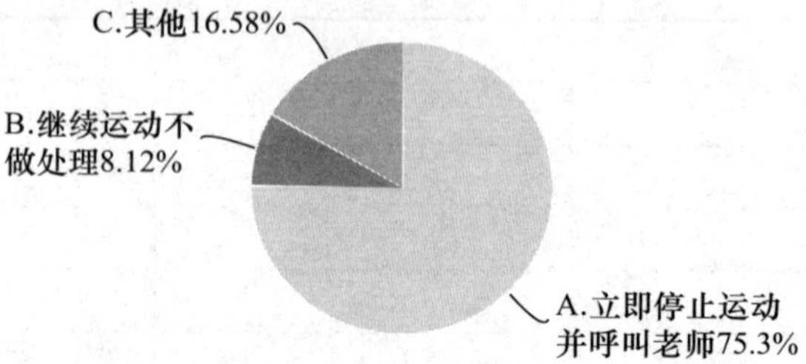

图 3-17　学生感知到自己运动状态不良后的处理方法分析图

由表 3-19、图 3-17 可知，学生感知到不良状态后选择的处理方式由多到少依次是立即停止运动并呼叫老师（75.3%）、其他（16.58%）、继续运动不做处理（8.12%）。这里需要特别注意不做任何处理的学生，在感知个人运动状态不良的信号后，不做任何处理极易引发意外，在体育教学中应加强宣传教育，让学生知道个人的不良感觉有哪些，并给出合理的处理方式。

二、学生对运动场地器材安全隐患识别能力分析

1. 学生对运动场地器材安全隐患识别能力分析

表 3-20　学生对运动场地器材安全隐患识别能力分析表

选项	小计/人	比例/%
A. 能识别	313	48.91
B. 有时能	306	47.81
C. 不能	21	3.28
本题有效填写人次	640	

由表 3-20 可知，绝大多数被调查的学生都能识别运动场地器材存在的安全隐患，只有 21 名学生反映不能识别运动场地器材的安全隐患，结合之前对学生能否正确使用运动场地器材的调查结果，可以进行的合理的推测就是如果学生会正确使用场地器材，就具备了识别其风险的能力。所以，风险识别的前提是学生能够对运动场地的用途、功能、运动器材的正确使用方法有所了解，所以教学中应教会学生使用运动场地器材，介绍场地及器材的特征及用途，并延伸到可能存在的安全隐患有哪些。

三、学生运动损伤处理方式分析

1. 学生在个人突发运动损伤时的处理方式分析

表 3-21　学生在个人突发运动损伤时的处理方式分析表

选项	小计/人	比例/%
A. 立即自救并呼叫老师	397	62.03
B. 呼叫老师	151	23.59
C. 等待同学呼叫老师	49	7.66
D. 手足无措	15	2.34
E. 其他	28	4.38
本题有效填写人次	640	

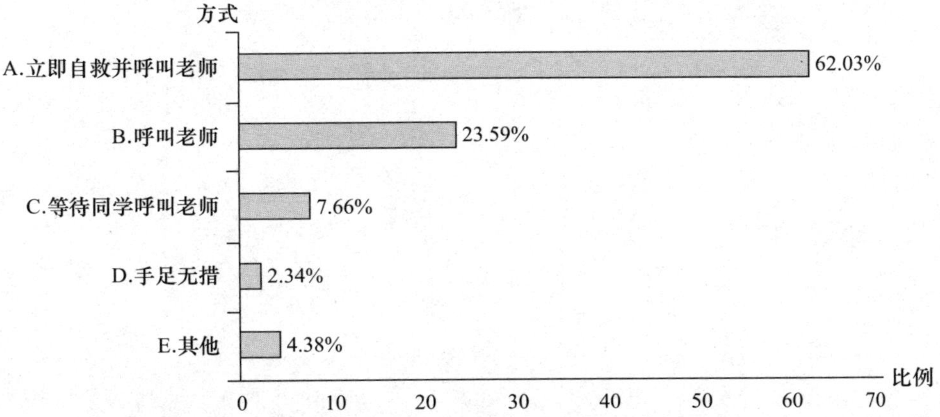

图 3-18　学生在个人突发运动损伤时的处理方式分析图

由表 3-21、图 3-18 可以了解到被调查学生中有 62.03％的学生反映，在体育教学中运动损伤发生后会采用立即自救并呼叫老师的处理方式；其次是呼叫老师，共有 151 人反映会在运动损伤发生后立即呼叫老师，占比 23.59％；另有 7.66％的学生等待同学呼叫老师，以及 2.34％的学生会出现手足无措的现象。在所有的处理方法中，手足无措的处理方式显然存在明显的问题，在教学中应加强对运动损伤发生后的处理方式的讲解，对于一些严重的运动损伤，时间就是生命，自救、互救知识非常重要。

同时，从调查中也可以发现，在体育教学中更多学生会将体育教师作为救援的力量，93.28％的被调查学生会选择自救同时呼叫老师、等待其他学生呼叫老师和呼叫老师的方式。体育教师在体育课堂是学生知识学习的传授者、学习的引导者，同时也是学生体育运动中的生命守护者，加强对体育教师在运动损伤知识、运动损伤的急救知识等方面的教育和培训，对于预防体育教学中学生的运动意外伤害事故的发生具有非常重要的意义。

第四章　做好高校体育教育的医务监督，实现健康校园

高校体育教育是高校教育的重要一环，在当前大力提倡开展体育教育、增进学生健康的背景下，如何更好地开展高校体育教育，以达到传授体育知识、增进学生健康、提高学生身体机能、提升学生思想品德的目标是教学的关键。体育教育中的医务监督是必要的。高校体育教育的医务监督是通过在体育教育的开展中应用必要的手段和措施、必备的医学观察，有效消除了体育教育中的风险因素，保证体育教育各环节中大学生的安全，实现从事符合生理规律的运动，以实现增强体质、增进健康的效果。

体育教育中的医务监督应包含学生在体育课堂中的医务监督及学生在体育学习中的自我监督。

在体育教学中学生具备体育运动中的自我医务监督能力，有助于学生了解自己在运动过程中的生理机能变化，有助于预防个人的过度疲劳，有助于防治学生运动性疾病，调整个人锻炼计划和运动负荷，也为防止运动伤害事件打下了必要的基础。

第一节　学生安全常识现状分析

由之前的高校学生运动安全认知情况与运动风险防范能力现状可以得出以下三个观点。

一、部分学生缺乏进行科学锻炼的能力，不具备运动负荷自行调控能力

如表 3-8 所示，有 93 名（14.53%）被调查学生反映自己不具备自行调控运动负荷的能力。在进行自主体育学习和体育锻炼的过程中，根据运动的目的及自身生理机能水平、运动状态、精神状况自行调控运动负荷不只是实现体育促进健康的要求，同时也是保障体育锻炼的安全性的要求。对于学生来讲，掌握运动负荷调控的能力是比较重要的教学内容。

二、学生对运动相关指标了解不全面，对于重要的心血管指标缺少必要的了解

如图 3-7 所示，被调查学生对于个人运动相关数据的了解度由高到低依次是体重（80.16%）、肺活量（65.16%）、情绪（64.53%）、运动意愿（51.88%）、心率（41.56%）、血压（36.25%），以及其他（10.63%）。

由此可以看出，学生们比较了解的前三项指标为体重、肺活量和情绪，其中体重和肺活量都是学生每年体质测试中的测试项目，学生比较熟悉，这也说明数据的测试有利于相关知识在学生中的普及。

三、学生对自身运动中的危险信号了解不足，对心悸、血压变化知之甚少

在人体不适的感觉中学生更易感知感觉强烈、表现明显的危险信号，而对于人体深层次、不易察觉感知的危险信号认识不足，心绞痛、心悸、血压的变化都是人体在运动中心血管系统心肌缺血、心血管机能减弱的非常重要的信号，心血管是人体的能量供应器官，对于运动能力的维持、生命安全有非常重要的作用，在体育教学中应加强对心血管机能、心血管不良感受的宣传及教育，以防止运动猝死等运动意外的发生。

第二节　体育教师做好体育课的医务监督

一、体育课前的安全检查

体育课正常开展离不开体育课前的安全检查，体育课前应做好对运动环境、运动场地、运动器材、学生衣着的检查。

1. 运动环境的检查

运动环境的检查包括运动环境是否存在污染、噪音、不洁的情况。

(1) 运动环境的污染。如雾霾、沙尘等严重影响了学生的身体健康，在受污染的环境中开展体育课必然会加重对学生健康的危害。霾是由空气中的灰尘、硫酸、硝酸、有机碳氢化合物等粒子组成的，它能使大气变得浑浊、导致人们视野模糊、能见度恶化。美国国家环境保护局 2009 年发布的《关于空气颗粒物综合科学评估报

告》指出，有足够的科学研究结果证明了大气细粒子能吸附大量致癌物质和基因毒性诱变物质，给人体健康带来不可忽视的负面影响，包括提高死亡率、使慢性病加剧、使呼吸系统及心脏系统疾病恶化、改变肺功能及结构、影响生殖能力、改变人体的免疫结构等。

（2）噪声是一类引起人烦躁，或因音量过强而危害人体健康的声音。随着近代工业的发展，环境污染也随之产生，噪声污染属于环境污染的一种，已经成为对人类的一大危害。噪声污染与水污染、大气污染被看成是世界范围内的三个主要环境问题。[①] 一般环境噪声大多来自随机的噪声源，例如，急驰而过的车辆、飞机的鸣笛、人们的喧闹及周围各式各样的噪声。在日常生活中，室内各项家庭用具均会产生声音，如，冷气机、音响、抽油烟机、电视、空调等，均为噪声源。一般噪声高过 50 分贝，就会对人类日常工作生活产生有害影响。噪声会造成听力损伤、视力损伤及心理紧张。噪声会伤害听力器官（耳蜗）的感觉毛细胞，当噪声为 90 分贝时，人们视网膜中视杆细胞区别光亮度的敏感性开始下降，识别弱光的反应时间延长；达到 95 分贝时，瞳孔会扩大；达到 115 分贝时，眼睛对光亮度的适应性会降低，[②] 长期接触噪声的人，最易发生眼疲劳、眼痛、视物不清和流泪等症状。[③] 在高强度的噪声下，一般人都有焦躁不安的症状，容易激动的情形。有人研究发现噪声越强的工作场所，意外事件越多，生产力越低，但此项结果仍有争论。[④]

（3）运动气候不适宜

人体的体温受外部（气候）和内部（代谢）的影响。运动环境的温度、湿度、风力、气压、气体的成分的变化都会给机体的体温调节、人体氧气的摄入造成一定的影响，不适宜的气候环境还会带来机体体温变化、氧气摄入不足，而出现中暑、冻伤及缺氧的症状。

在日常的体育课中需要关注体育运动环境状况，对运动环境污染、运动环境噪音及运动环境气候变化等都应加强检查，消除对人体有害的环境隐患。规避由运动环境不良造成的运动风险，减少运动伤害事件的发生。

2. 运动场所检查

体育课前的运动场所的检查应包括运动场地卫生状况、运动场馆的通风、照明、采暖降温及必要的特殊场所是否具备等因素。

---

① 张荣誉，刘夫玲，赵灿，优生优育与计划生育［M］. 济南：山东大学出版社，2010：38.

② 胡珊，视听心理学［M］. 北京：世界图书北京出版公司，2012：209.

③ 胡珊，视听心理学［M］. 北京：世界图书北京出版公司，2012：209.

④ 胡珊，视听心理学［M］. 北京：世界图书北京出版公司，2012：209.

(1) 运动场所的不洁可能会引发多种问题。如，运动场所有灰尘、纸屑等杂物，易造成个人在运动中判断错误，影响运动场地的视觉效果；运动场所的积水、积雪、沙石未及时清理易引发滑倒而致骨折、扭伤等意外；同时过度不洁的运动场所还容易滋生细菌和病毒，极易在学生运动中及运动后对学生造成感染，尤其是在大量运动后，机体虚弱极易引发疾病。“开窗户期”理论认为，大强度急性运动时，应急激素的急剧升高及血流动力学发生的急剧变化，导致淋巴细胞等免疫细胞快速进入血液，抵抗能力大为增强。但是，运动结束后，免疫细胞数量随之减少，增殖功能和活性降低，免疫机能被强烈抑制，该抑制过程可持续 3～72 小时。此时，就像一扇“窗户”被打开，各种细菌、病毒、微生物等病原体乘虚而入，大肆作乱，增加患病风险。

(2) 室内运动场馆的通风情况，通风指室内运动场馆的室内空气更新的状况。运动场馆的必要通风有利于更换馆内的空气，防止二氧化碳的堆积、汗液分解产物及气味的累积，并纳入更多的氧气。室内运动场馆都应具备必要的通风设施，可通过室内场馆的门窗和气流作用或机械排风扇达到室内场馆与外界的气体交换。

(3) 室内运动场馆照明要到达一定的照明要求。赛场越大、运动速度越快、球越小，照明标准就越高，比如，网球比赛、乒乓球比赛。运动员身处赛场，离对手、球较近，运动员、裁判员视线没有遮挡，因此，对运动员、裁判员来说，水平照度在 150Lux～300Lux 就能正常比赛，但要达到专业比赛要求，比如，足球比赛和篮球比赛，300Lux 是远远不够的，一般要 500Lux～800Lux。在体育课程中，学生的运动虽然无法达到竞技比赛的水平，但是也需要具备一定的光亮度，以避免因光亮度不够，学生视物不清，造成不必要的运动伤害事件。此外室外场地也应关注光线的亮暗，避免因太阳直射，或光线太暗造成运动意外。

(4) 运动场馆的采暖、降温设备应尽量保证室内有适宜的气温（23℃－25℃），并保证室内各处室温相对均匀、稳定，温差不应超过 2.5℃。适宜的温度是保证运动中机体温度适宜，并避免发生中暑、冻伤等运动性病症的主要解决方式。

3. 学生衣着检查

(1) 运动服装的检查是指适宜学生参与运动的服装。教师在每堂课都应检查参加体育课的学生是否着运动服装。第一，运动服装的选择是因为运动着装使学生在运动中活动自由度大，能很好地减少因活动不开而引发的运动意外；第二，运动服装大多具有柔软、很强的舒适度的特点，对于体育课中的激烈运动不易造成因服装本身过于粗糙引发的肌肉损伤，降低摩擦力和减少运动意外；第三，很多运动服装还具有防护功能，在人体的关键关节部位，如，膝关节、肘关节、背部做到收紧，能够有效地对机体的特殊部位做到防护；第四，运动服装大多轻薄、耐穿且易洗快干，对于高强度的运动项目来说，不会因为运动中出汗过多、衣服湿透不干，而引发机体受寒、易感冒的问题。

（2）运动鞋的检查。根据运动的项目不同，运动中鞋子的选择也具有差异。如，跑步鞋、徒步鞋、篮球鞋、网球鞋、羽毛球鞋等，都是根据项目特点而发明出的拥有不同运动功能的运动鞋。对于选择运动鞋，尤其是选择适宜项目的运动鞋的原因，可以从以下几个方面来谈：第一，运动鞋的选择是基于运动鞋舒适性特征，相比于皮鞋等其他鞋类，运动鞋一般更加舒适，不惧各类运动场地的变化；第二，运动鞋具备透气性好的特点，对于运动中人体脚部的大量出汗及升温现象，也能很好地达到透气、降温的效果；第三，运动鞋有很好的减震效果，运动中机体的跑、跳、腾空、翻越都对机体有更高的要求，相应的机体对脚部的足弓及踝关节的冲击也在急剧增加。通过穿具有更好缓冲力和减震效果的运动鞋，如，篮球运动鞋鞋底的缓冲气垫可以有效缓解各类跑、跳、腾空、翻越时，脚步落地对于脚部足弓及踝关节的直接冲击，减少对足弓及踝关节的伤害；第四，运动鞋应对踝部有防护作用，如，篮球运动专用运动鞋，该类鞋针对踝部都有加固的结构设计，通过对踝关节的加固，减少了跳起后落地不稳等运动动作错误引发的踝关节扭伤等意外的发生。

二、体育课教学安排运动负荷适宜度

体育课的监督还应包括对体育课教学安排是否科学合理，运动强度、运动时间的安排是否适当，运动中的各类运动环节节奏把握是否合理等项目。

（一）观察课的组织和教法

了解课的任务、内容和组织教法（包括保护和帮助），还应记录课的时间、学生人数、组织纪律性和运动成绩；观察是否遵循循序渐进性、系统性、全面性和个别对待的教学原则；对健康状况较差或有某些生理缺陷的学生，是否按健康分组的原则进行分组教学；教师是否重视安全教育，体育课的安全防范措施如何；组织测定课的生理负担量。

（二）体育课生理负担量的评定

测量体育课的生理负担量，可以了解运动负荷的大小及机体对运动负荷的生理反应，据此评定学生的身体功能水平。运动负荷的大小取决于强度、密度和时间三个因素，其中强度和密度是两个重要因素，尤以强度因素更为重要。常用的评定方法有两种：一是指数法；二是百分法。

1. 指数法

通常是记录被测对象安静时（课前）、准备活动结束时、基本部分结束时、整理活动结束时和课后 10 分钟的脉率，然后绘制体育课的脉率变化曲线图，根据曲线图的变化，算出体育课的平均生理负担量，代入生理负担量指数公式，算出生理负担量指数，利用运动负荷指数评定表，分析体育课的生理负担量是否合理。

2. 百分位数法

对心肺功能锻炼的最佳运动强度是在心脏每搏输出量最大时的心率范围内，这个范围的心率与体位有关。平卧位时心率为 120 次/分钟，即可达每搏输出量的最大值；斜卧位在 130～140 次/分钟，每搏输出量达最大值；直立位在 150 次/分钟，每搏输出量达最大值。另有实验证明：脉率超过 180 次/分钟的运动，对增进健康不利。因此，运动生理学家把 180 次/分钟的运动强度定为健康价值阈的上限。所以，对大、中学校体育课生理负担量的确定，可用百分法来计算，并参照体育课生理负担量等级表来评价其生理负担量等级。

在计算生理负担量时，要特别注意课前安静时的脉率，尽量设法排除课前影响脉率的各种外界因素和心理因素，否则，计算出来的生理负担量等级可因安静时脉率的上升而偏低。

生理负担量等级的评定方法，是体育理论、运动生理和体育保健等学科共同关心的课题，上述两种方法可在评定生理负担量等级时选用（体育课平均心率的计算方法请见《学校体育学》）。

体育课的生理负担量应根据人体生理和功能活动变化的规律，随着课的进行逐渐加大运动负荷，到体育课结束前，逐渐减小运动负荷。因此，在一堂体育课中，随着课的进行，脉率应呈上升趋势（呈波浪式的），到基本部分（中期或偏后）应达到最高峰，脉率可达 160～180 次/分钟，课结束前脉率就开始下降，并在课后 10 分钟内恢复正常。如果曲线太高，最高脉率达 180 次/分钟以上，恢复时间太长，说明运动负荷太大或者机体功能状况不良。体育课的生理负担量到底多少比较合理，主要在完成本课时教学任务的前提下，以体育课后 15 分钟内疲劳是否能得到恢复来确定（可用闪光融合试验来测定）。

三、体育课的医学观察

通过体育课的医学观察，可以了解学生的健康状况，以及机体对运动负荷和运动强度的反应，评定运动负荷是否适宜、了解体育课的组织方法是否合理、运动环境和场地设备是否符合卫生要求。总之，进行医学观察的目的在于改进体育教学工作，提高教学质量，使体育锻炼达到最佳效果。

医学观察一般可挑选几个健康状况相同，但身体素质和功能状况不同的学生进行观察和比较，以了解体育课对不同学生的影响。具体的内容包括观察教学过程中学生的机体反应等。

观察学生的机体反应包括课前询问学生的自我感觉，测定脉搏、血压、肺活量和呼吸频率等生理功能指标；在课的各个部分结束后，或某个练习开始前或结束后，测量脉搏等指标，并观察某些外部表现（如面色、神情、动作和出汗量等），以确定疲劳程度；课结束后立即进行检查（内容同运动前），同时询问学生在运动过程中和运动后的自我感觉；课后 10～15 分钟，还可进行补充负荷试验。有条件的学校，也可检查学生课后恢复期的机体情况，如询问自我感觉，测量脉搏、血压、呼吸频率、肺活量和体重等指标。

四、关注体育教学中女生体育卫生

女生经常参加体育锻炼，不仅可以促进生长发育，增进健康，提高各器官、系统的功能水平，使之能更好地胜任对身体要求较高的工作，还可以使身体各部分的肌肉得到均衡的发展。女生在解剖生理方面与男生有许多差异。因此，在体育锻炼时应考虑其特点，合理地安排锻炼，才能达到预期的效果。

（一）女子的一般体育卫生要求

1. 大学体育教学中，男女生应区别对待，体育锻炼标准女生应低于男生

由于女生肌肉力量较差，因而使用的运动器械，如铁饼、标枪、铅球等要比男生轻。因女生心肺功能较差，故运动量要小。女生肩窄、臂力弱，做悬垂、支撑、摆动动作较困难，应注意发展上肢力量。从高处落下时，地面要铺一定厚度的有弹性的垫子，以免身体受到过分震动，影响骨盆的正常发育。多做些仰卧起坐、踢腿等练习，以增强腹肌和盆底肌的力量，避免在跑、跳练习中因剧烈的震动而引起子宫位置的改变。

2. 根据女生的体形、心理、生理等特点，更好地开展体育教学

女生具有身体重心低、平衡能力强、柔韧性好等特点，适宜进行艺术体操、平衡木、高低杠、自由体操、健美操、滑冰、花样滑冰、轮滑等项目。又如女生肩窄、体内脂肪贮存较多，优点是阻力小、浮力好、耐冷，热能供给较充足，故在长距离游泳项目方面占优势。因此，应在有条件的地区和季节上游泳课，同时游泳项目的开展对女生心肺功能的提高也有很大的促进作用。另外，在体育教学与运动训练中，应注意有目的、有步骤地加强肩带肌、腰背肌、腹肌和盆底肌的力量练习。平时要启发和引导她们参加体育锻炼的自觉性和积极性，通过体育活动不仅可以提高她们的身体素质，还可以促进身体正常发育和机能能力的提高，并对她们今后参加工作的表现、体育运动成绩的提高均有很大帮助。

（二）女生月经期的体育卫生要求

女子月经属正常的生理现象。应鼓励她们在月经期参加一些力所能及的体育活动，像散步、郊游等，这样可调节大脑皮层的兴奋与抑制过程，改善盆腔的血液循环，可使腹肌和盆底肌轻度收缩与放松，有利于月经排出，减轻腹部不适感。但是，月经期子宫内膜脱落、出血，加之生殖器官抗菌力弱易导致感染，全身神经体液方面也有较大的变化，故应注意以下卫生要求。

1. 月经期体育卫生要求

（1）适当减少运动量和运动时间，特别是月经初潮的女生，由于她们的月经周期尚不稳定，要循序渐进，区别对待，逐步养成经期锻炼的习惯。特别是月经开始1～2天内应减少运动量和运动时间。

（2）月经期要避免过冷、过热的刺激，如冷水浴和阳光下暴晒等，特别是下腹部不要着凉，以免引起卵巢功能紊乱而导致月经失调和痛经的发生。

（3）月经期不宜游泳，以免病菌侵入内生殖器引起炎症。

（4）月经期不宜从事剧烈运动，尤其是震动强烈、腹压过大的运动和后蹬跑，以及高抬腿跑、跳跃、打球、投篮动作和力量性练习等，以免子宫异位和经血过多。

（5）有痛经和月经紊乱的女生，月经期不宜进行体育活动，应注意休息。

2. 月经期参加训练和比赛的问题

月经期能否参加训练和比赛，要根据学生和运动员的具体情况，如运动年限长、训练水平高、经期有训练习惯、月经周期正常、无不良反应者可以参加训练，但运动量和强度不宜大，时间不宜长；运动年限短，训练水平不高，不宜参加训练。有月经紊乱和痛经、闭经、自我感觉不良的女生和运动员，要停止训练。

为了及时了解和掌握女生和女运动员的月经情况，可建立月经卡片制度，坚持写训练日记，将月经情况详细记录，以便教师、教练、医生全面掌握每个人的情况，合理安排体育课、训练课，掌握适合的运动量。

第三节　高校学生学会自我医务监督

一、学生自我医务监督的目的和意义

体育运动中的自我医务监督，是指运动者在体育运动过程中，对自身生理机能和健康状况观察评定的一种方法。它有助于运动者了解自己在运动过程中的生理机能变化；有助于预防过度疲劳；有助于防治运动性疾病；有助于调整锻炼计划和运动负荷；也为合理安排教学、锻炼内容和方法提供依据。

当代大学生具备一定的自我监督能力，有利于更好地进行体育运动，具备在体育课堂，尤其是课余体育锻炼中了解自身身体情况，监督个人在体育运动中的状态的能力，对于建设体育健康校园有非常重要的意义。

二、自我医务监督的内容和方法

体育锻炼的自我医务监督主要包括主观感觉和客观检查两部分。

（一）主观感觉

在运动中及运动后有很多主观感觉能够为参加体育运动的学生提供运动负荷是否适当、人体状态是否正常的信息。在体育运动中，学生应学会细心观察个人的状态，学会体会个人运动中、运动后的正常感觉，并敏锐察觉个人在运动中及运动后的不良感觉，以实现对个人指标的实时、准确的监测，实现运动健康、预防运动意外的目的。常见的自我监督指标有运动心情、自我感觉、睡眠、食欲及排汗量等指标。

（1）运动心情。运动心情是指在参与体育运动时学生个人的心情状态。正常时，学生精神实足，体力充沛，渴望锻炼。不正常时，学生心情不佳，厌烦锻炼。

（2）自我感觉。自我感觉是指学生在参与体育运动时自我的一种状态感觉。正常时，学生身体无任何不适的感觉。若在运动中或运动后出现过度疲劳、感到恶心，甚至呕吐、头晕、身体某些部位疼痛，则说明学生体力不好或患病。

（3）睡眠。睡眠是运动后反映运动强度对身体影响性的一个非常直观且非常重要的指标。运动负荷适宜时，学生入睡快，醒后精力充沛。运动负荷不适宜，尤其是运动负荷超过自身生理接受程度时，会出现入睡迟、易醒、失眠、睡醒后感觉疲劳，表明睡眠失常。

(4) 食欲。食欲反映了机体的能力消耗情况。因锻炼时能量消耗大，锻炼后食欲良好，想进食且食量大。如锻炼后不想进食、食量减少，在一段时间内不能恢复食欲，则表明胃肠消化和吸收功能下降，可能与运动量安排不合适或身体健康状况不良有关。

(5) 排汗量。运动时排汗量的多少与运动量大小、锻炼强度、饮水量、气温、湿度、衣着及神经系统状态有密切关系。在客观条件相同的情况下，随着锻炼强度的提高、排汗量可减少。如在相同情况下，排汗量比过去明显增加，特别是夜间出现盗汗现象，则表明身体极度疲劳，或是内脏器官患病的征兆。

(二) 客观检查

在了解了个人的主观感觉后，个人的感觉因个人经历、个人生理状况及个人感觉敏锐度等因素而不同，在体育运动中只关注主观感觉及主观指标就可能出现错误信息，或未能及时捕捉危险信号，容易造成疲劳堆积、运动损伤及运动意外的发生。在体育运动中，学生应学会自我监督，并学会使用客观指标对个人的体育运动健康情况做出更好的监测，实现运动健康的目的。在体育运动中自我医务监督的常用客观指标有脉搏（或称心率）、体重、运动成绩等。

(1) 脉搏。测脉搏时除注意频率外，还应注意节律。在锻炼时期，若每分钟晨脉比过去减少或无明显改变、节律齐，表明锻炼者身体功能反映良好；若每分钟比过去多 12 次以上，表明机能反应不良，可能与疲劳未消除或身体有病有关；若晨脉数比过去增加明显且长期不恢复到原数，可能与早期过度训练有关。

当晨脉每分钟增加 6 次时，20％的人自我感觉不良；增加 12 次时，40％的人自我感觉不良；增加 18 次时，60％的人自我感觉不良。如果发现脉搏节律不齐或停跳现象，可能是心脏功能异常征象，应采用心电图等方法做进一步检查。对锻炼者的脉搏，通常以 30 秒为计数单位，但要分别记下 10 秒的数值。

(2) 体重。在训练时期，体重出现“进行性下降”现象，并伴有其他异常征象（睡眠失常、情绪恶化等）时，可能为早期过度训练或身体有消耗病变的表现。

(3) 运动成绩。运动成绩长期不增长或下降可能是身体机能不良或早期过度训练的表现。

第五章　高校体育教学中的应急处理——运动伤病与防护

第一节　高校体育教学中应加强运动伤病与防护知识的教学

在对《高校学生运动安全认知与风险防范能力调查问卷》调查的结果进行分析后不难看出，当前学生运动损伤知识匮乏，运动急救知识储备不足，对运动性病症缺乏了解，具体情况包括以下三点：

一、学生缺乏基本的运动损伤知识，尤其是实用性损伤知识

第一，被调查学生对运动损伤知识的认知度非常低。

第二，被调查学生对闭合性软组织损伤与开放性软组织损伤的知识掌握程度接近，无论是开放式还是闭合性软组织损伤知识的掌握前三位依次是损伤的原因、种类及症状，对于运动损伤的急救、预防及治疗是学生知识的薄弱环节。同时将闭合性软组织损伤与开放性软组织损伤的知识掌握程度进行对比可以看出，学生对闭合性软组织损伤的各方面知识掌握程度都低于对开放性软组织损伤掌握程度。

从实际操作性来谈，相比损伤的种类、原因及症状，更应该做好运动损伤的预防、发生后的急救及治疗。而学生对于预防、急救处理及治疗方式的知识匮乏，反映了学生掌握的运动损伤知识的实用性不足，不利于学生运动损伤的预防及发生后的治疗与康复。

二、学生对于运动损伤的应急处理手法掌握不到位

被调查大学生中运动损伤急救知识非常匮乏。如表 3-13 所示，被调查的学生只有 38.44％了解运动损伤急救知识，而超 60.00％的学生反映不了解运动损伤知识。在体育教学中因为准备活动不充分、着装不适宜、动作错误、运动负荷安排不当、疲劳、注意力不集中、安全意识不足等原因易引发运动损伤，损伤发生后对于损伤的急救处理非常重要，可以保护伤部、止血、防止感染及免受二次伤害，甚至挽救

生命。今后应加强对于急救知识的讲解。

由表3-14可知，在对了解运动损伤急救知识的246名学生进行调查后发现，学生掌握的急救知识集中在出血的急救、急救包扎方法、心肺复苏知识，对于骨折的急救、关节的脱位及搬运伤员的方法掌握不足。

对于学生的知识了解特征可以从以下原因进行分析：出血的急救、急救包扎方法及心肺复苏在教学中涉及较多，学生学习后掌握较好，而课堂教学中对骨折的急救、关节的脱位及搬运伤员的方法讲解不够，今后应加强。

三、被调查学生对运动性病症的知识掌握不足

由表3-15可知，被调查的学生中只有29.06％的学生了解运动性病症，这一比例甚至低于运动损伤急救知识的掌握人数。而运动性病症的发生人数、发生频率较高，应加强预防运动性病症的教学工作。国内高校体育教学体质测试环节时有发生的运动性猝死更是对学生加强运动性病症必备知识的掌握敲响了警钟。

为了实现体育教育的健康发展，达到学生强身健体的目的，预防运动意外的发生，应针对学生加强必要的运动损伤、运动性病症的基础知识的教学及其实用操作能力的培养。

第二节　高校学生应明确运动损伤相关概念

一、运动损伤的含义

人体在体育过程中所发生的损伤，称为运动损伤。运动损伤的特征在于其是由运动引发的损伤，不同于其他环境引发的损伤，运动损伤有时因为在某类运动中频繁发生，而用运动项目来进行命名，如网球肘、足球踝、篮球膝。

二、运动损伤的分类

1. 按受伤的组织分类

可分为皮肤损伤、肌肉损伤、肌腱和韧带损伤、关节损伤、滑囊损伤、软骨损伤、骨损伤、神经损伤、血管损伤和内脏损伤等。

2. 按损伤组织是否与外界相同分类

可分为开放性损伤和闭合性损伤。

3. 按损伤病程分类

可分为急性损伤（指一瞬间遭受暴力打击）和慢性损伤（急性损伤迁延成的慢性损伤和劳损）。

4. 按伤情轻重分类

（1）伤后仍能按原计划进行训练或不丧失工作能力为轻伤。

（2）伤后不能按原计划进行训练，患部要停止运动或丧失工作能力 24h 以上，需治疗的损伤为中等损伤。

（3）伤后完全不能训练或需住院治疗的损伤为重伤。

三、运动损伤的原因

1. 运动专项技术因素

各运动项目都有其自身的技术特点，人体各部位所承担的负荷是不同的，受力也是不均衡的，所以不同的专项运动可能会对其相应负荷重的部位造成各种损伤。例如，篮球运动员膝关节容易受伤，标枪运动员肩部易受伤等。

2. 人体解剖生理因素

人体的结构从解剖和生物力学的角度看，还存在着一些不适宜运动的薄弱环节。这些薄弱环节在有些运动中容易发生损伤，如，肩关节的关节盂小而浅，而肱骨头大，周围韧带力量较薄弱，在做肩部的大幅度运动或突然摔倒时上臂撑地，极易造成肩关节脱臼。

3. 思想认识因素

体育运动中发生损伤虽然不能避免，但我们应该认识到这不是一个大概率的事件。运动损伤是可以避免的，作为体育教师，应将防伤防病意识贯穿到教学的各个环节，而作为学生则应有足够的重视，不盲目蛮干、麻痹大意。

4. 准备活动方面的因素

（1）不做准备活动。

（2）准备活动不充分。

（3）准备活动的内容与体育课的内容不相符。

（4）准备活动的量过大。

（5）准备活动距正式运动的时间过长。

5. 技术上的缺点和错误

违反人体解剖结构和生理特点，不符合运动时的生物力学原理，因而容易发生运动损伤。不仅是初学者和学习新动作时容易因错误动作致伤，已熟练掌握技术动作的运动员在身体疲劳或注意力不够集中的情况下，也会因此致伤。例如，做前滚翻时，因头部位置错误引起颈部扭伤；篮球运动中接球时，因手型不正确引起手指扭伤或挫伤；投标枪时，在上臂外展 90°、屈肘 90°（甚至肘低于肩）的错误姿势下出手，引起肘关节内侧软组织损伤，甚至发生撕脱性骨折等。

6. 运动负担量过大

在安排运动负荷时，对运动人员的年龄、性别、体质、健康状况及运动史等基本情况了解不清，或是没有考虑运动人员是否患病、情绪压力过大、过度疲劳等身体情况时，有可能出现运动强度过大、运动时间过长、运动频率过快的运动负担量过大的问题，易发生运动员的运动损伤。

7. 身体机能不良

如进行有氧运动时，运动人员身体机能不良，如心肺机能不佳，柔韧度较差的情况，易出现运动时人体的供氧量不足、动作僵硬等问题，从而引发运动意外。

8. 动作粗野或违反规则

同场对抗性项目的运动现场，对方运动员的粗野动作、恶意违规等行为，易发生肢体的冲突，引发运动损伤意外。而运动现场安全意识不强，互相的嬉戏打闹等行为也会造成不必要的意外损伤。

9. 场地、服装方面的缺点

运动现场地面凹凸不平，有煤渣、石子等异物；地面太硬或太滑；沙坑未按要求平整；器械年久失修、使用不当；运动中，学生未穿着运动服装或未穿着与运动项目相符的运动服装等原因都是造成运动伤害事故的潜在原因。

10. 不良天气方面的因素

气温过低或过高；阳光晃眼、光线过暗；日照过强、湿度过大；大风、沙尘、飞絮、雾霾等天气原因也极易引发身体不适、运动损伤。需要注意的是雪天运动应注意预防冻伤和雪盲症的发生。

第三节　高校学生应具备常见运动损伤的应急处理能力

一、常见开放运动损伤及应急处理

1. 擦伤

（1）轻度擦伤：伤口干净者一般只要涂上红药水或紫药水即可自愈。

（2）重度擦伤：（首先需要止血）冷敷法、抬高肢体法、绷带加压包扎法、手指直接指点压止血法。

冷敷法：可使血管收缩，减少局部充血，降低组织温度，抑制神经的感觉，因而有止血、止痛、防肿的作用，常用于急性闭合性软组织损伤。

2. 撕裂伤

撕裂伤以头面部皮肤撕裂伤最为常见。如，在篮球运动中，眉弓被对方运动员手肘碰撞可引起眉弓皮肤撕裂伤。撕裂伤在拳击等项目中也较为常见。撕裂伤伤口较小，可经消毒后用创可贴黏附处理；伤口较深较大的，则需入院缝合。

3. 切割伤

滑冰刀及运动器械的金属手柄容易引发切割伤，切割伤一般伤口较大较深，边缘齐整，需进行止血、消毒及注射破伤风抗毒血清。

4. 刺伤

体育项目中，如标枪、钉鞋等锐利的尖锐物易引起刺伤，刺伤伤口较切割伤伤口小，不过伤口更深，易引发伤口的感染，在清创后需要进行注射破伤风抗病毒血清，并增加抗生素治疗。

二、闭合性软组织损伤的应急处理

闭合性软组织损伤是指局部皮肤或黏膜完整，无裂口与外界相通，出血积聚在组织内的损伤，是软组织损伤的一种。受钝力作用，由肌肉猛烈收缩，关节活动超越正常范围或劳损等引起。

根据损伤的病理发展过程，软组织损伤的处理大致可分为早、中、后三个时期的处理。

1. 早期处理

指伤后 24 或 48 小时以内，组织出血和局部出现红肿痛热、功能障碍等征象的急性炎症期。这一时期的处理原则主要是止血、防肿、镇痛和减轻炎症。治疗方法可根据具体情况选用冷敷、加压包扎、抬高伤肢中的一种或数种。这套方法使用越早越好，有止血、镇痛、防肿的作用。加压包扎就是用适当厚度的棉花或海绵放于患部，然后用绷带稍加压力进行包扎。

2. 中期处理

指受伤 24 或 48 小时以后，出血已经停止，急性炎症逐渐消退，但局部仍有瘀血和肿胀，肉芽组织形成，并开始吸收，组织正在修复。处理原则主要是改善伤部的血液和淋巴循环，促进组织的新陈代谢，使瘀血与渗出液迅速进行修复。可采用热疗、按摩、拔罐、药物等疗法。按摩和热疗在这一时期尤为重要，可以促进局部血液循环，对修复很有利。

3. 后期处理

损伤基本修复，肿胀、压痛等局部征象也已消除，但功能尚未完全恢复，锻炼时仍感疼痛，酸软无力。有些严重病例，由于粘连或疤痕收缩，出现伤部僵硬、活动受限等情况。此时期的处理原则是增强和恢复肌肉、关节的功能。治疗方法以按摩、理疗、功能锻炼为主，适当配以药物治疗。按摩对硬结和粘连有较好的效果。

第四节　高校学生应掌握运动损伤的应急处理方法，具备自救及互救能力

一、对运动中的损伤进行急救的重要意义

在体育教学中因各种原因，可能造成学生运动损伤的意外发生，如肌肉拉伤、骨折、擦伤等。在运动现场对受伤学生进行的临时、紧急性的救治称为运动现场的急救。急救可以起到抢救伤员、避免二次受伤、防止受伤部位感染、减轻痛苦及预防并发症的作用，并为接下来伤员的转运及进一步的医学治疗提供条件。

二、体育教学中出血后常见的应急处理方法

血液是人体的重要组成部分。成人的血量约占人体体重的 8%，总量为 4000～5000mL，骤然失血总血量的 20%～30%左右，就可能出现休克，危及生命。因此，

及时有效地止血非常重要。常用的外出血临时止血法如下。

（1）加压包扎止血法

用生理盐水冲洗伤部后用厚敷料覆盖伤口，外加绷带增加血管外压，促进自然止血过程，达到止血目的。用于毛细血管和小静脉出血。

（2）抬高伤肢法

用于四肢小静脉和毛细血管出血。方法是将患肢抬高，使出血部位高于心脏，降低出血部位血压，达到止血效果。此法在动脉或较大静脉出血时，仅作为一种辅助方法。

（3）屈肢加压止血法

前臂、手或小腿、足出血不能制止时，如未合并骨折和脱位，可在肘窝和腘窝处加垫，强力屈肘关节和膝关节，并以绷带“8”字形固定，这样可有效控制出血。

（4）指压止血法

这是现场动脉出血常用的最简捷的止血措施。用手指压迫身体表浅部位的动脉于相应的骨面上，可暂时止住该动脉供血部位的出血。

根据全身动脉的走行分布，在体表有一些动脉搏动点，即为压迫止血点。

①颞浅动脉：颞部出血，要压迫颞浅动脉，压迫点位于耳屏前上方 1.5cm 处，用手指摸到搏动后，将该动脉压在颞骨上。

②颌外动脉：面部出血压迫面动脉，压迫点位于下颌角前下约 1.5cm 处，用手摸到脉搏后将该血管压迫在下颌骨上。

③肩膀和上臂出血：可压迫锁骨下动脉，压迫点位于锁骨上窝，胸锁乳突肌外缘，用手指将该动脉向后正对第一肋骨压迫。

（5）止血带止血法

在四肢较大的动脉出血时，通常用止血带止血。

目前常用的止血带有充气止血带、橡皮带止血带、橡皮管止血带。

在现场急救中常用的、携带方便的是橡皮管止血带，缺点是施压面狭窄易造成神经损伤。如果无橡皮管止血带，可用宽布带或撕下一条衣服也可应急需。

止血带的压力要适中，既要达到阻断动脉血流的目的又不会损伤局部组织。上止血带的时间要注明，如果长时间转运，途中上肢每 0.5 小时、下肢每 1 小时应放松 2～5 分钟，以使伤肢间断地恢复血循环。放松时应以手指在出血处近端压迫主要出血的血管，以免每次放松后流失大量血液。

三、大学生应掌握急救包扎的手法

通常在止血之后，搬运之前都需要包扎伤处，包扎的一般目的有以下五种：第一，固定敷料、夹板与受伤部位。第二，支托伤部，使伤部舒适安定。第三，止血。第四，保护伤口，减少感染和再受伤。第五，防止肿胀。

（一）常用包扎的材料

（1）敷料：其作用是盖在伤口上，止血、防止感染、吸收渗出液，并保护伤口。在紧急情况下，可就地取材，任何干净、干燥、有吸收性的材料，例如手帕、毛巾、纸巾都可用作敷料。

（2）绷带：由纱布、棉布、弹性绷带与自黏绷带等制成，宽度有 2.5cm、5cm、7.5cm、10cm、12.5cm、15cm 等规格，使用时视伤口大小及伤处部位选择适当宽度的绷带，以能完成包扎伤处的目的为原则。

（3）三角巾：$1cm^2$ 布料对折为三角形，沿对角线剪成两块三角巾，布料材质可为棉布、麻布，需柔软、坚固、无缝边，它也可当作宽窄绷带使用，以及作为环形布垫使用。

（二）绷带及三角巾的包扎法

1. 绷带包扎法

用绷带包扎伤口，目的是固定盖在伤口上的纱布，并有压迫止血的作用，还可以保护患处。

（1）环形包扎法

此法多用于手腕部或肢体粗细相等的部位的保护。首先将绷带做环形重叠缠绕。第一圈环绕稍做斜状；第二、三圈做环形，并将第一圈之斜出一角压于环形圈内，最后用黏膏将带尾固定，也可将带尾剪成两个头，然后打结（见图 5-1）。

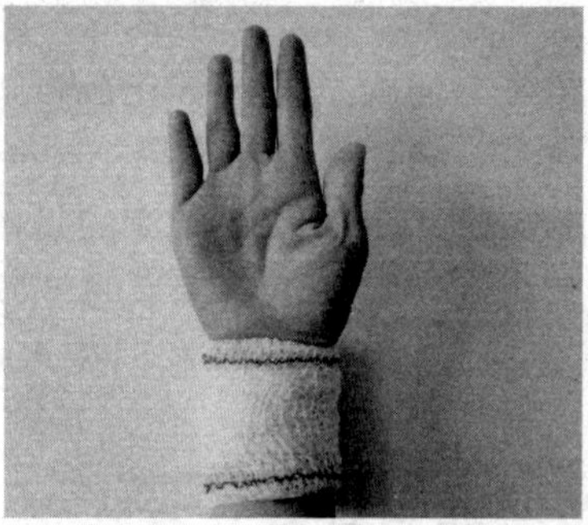

图 5-1　环形包扎法

（2）螺旋形包扎法

此法多用于保护四肢中肢体粗细相差不大处。如人体的上臂、大腿中上等部位。先按环形法缠绕数圈。后缠每圈盖住前圈三分之一或三分之二，并呈螺旋形（见图 5-2）。

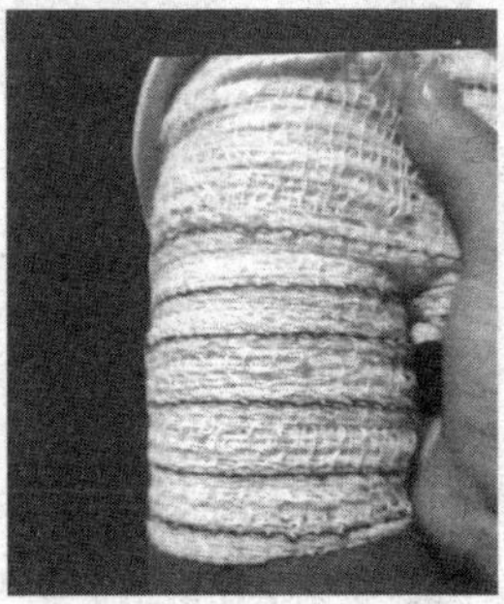

图 5-2　螺旋形包扎法

（3）转折形包扎法

此法应用于肢体粗细不等处。如上肢的前臂、下肢的小腿部，粗细相差比较大。先按环形法缠绕。待缠到渐粗处，将每圈绷带反折，盖住前圈三分之一或三分之二。依此由下而上地缠绕（见图 5-3）。

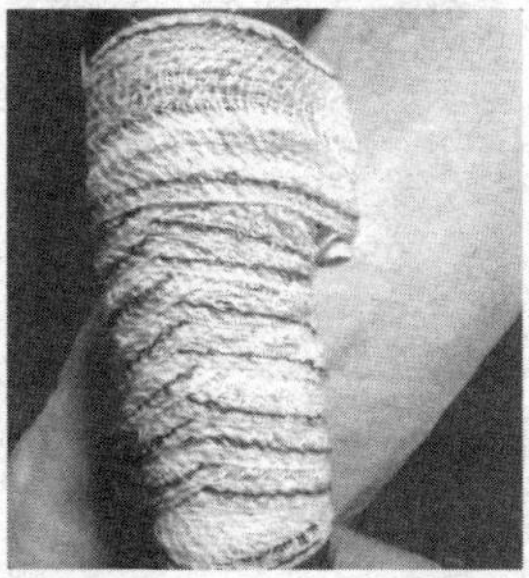

图 5-3　转折形包扎法

（4）“8”字形包扎法

如果受伤部位为四肢的关节部位，一般采用“8”字形包扎法。以手腕及手掌受伤为例，应先以环形包扎法缠绕手腕，之后向手掌部位缠绕形成“8”字形，缠绕在手指部位时应注意将手指部位甲床暴露，方便包扎后检查包扎的松紧度，防止包扎过紧引发机体缺血。在包扎中依然遵循盖住前圈三分之一或二分之一，由远及近。最后在手腕桡侧停止（见图 5-4）。

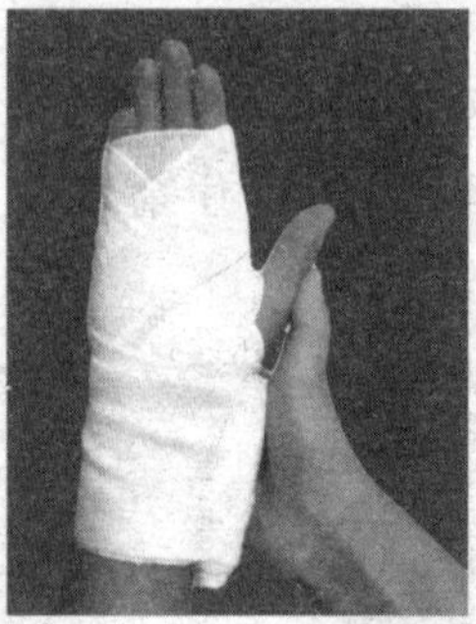

图 5-4　“8”字形包扎法

（5）“人”字形包扎法

如果受伤部位为四肢的关节部位，关节包扎后存在角度，一般采用“人”字形包扎法。以手肘受伤为例，应先以环形包扎法缠绕手肘中心位，之后以从肘窝起始点向前臂方向缠绕覆盖肘后，回到肘窝，以肘窝为起始点向上臂方向缠绕覆盖肘后，在包扎中依然遵循后圈盖住前圈三分之一或二分之一，由肘窝处依次向前臂、向上臂缠绕，由近及远。最后在上臂部终止（见图 5-5）。

图 5-5　“人”字形包扎法

（6）反回形包扎法

此法主要应用于肢体的残肢断端的包扎。

以手部为例，将手掌握拳，模拟手指损伤后残缺情况，先以环形包扎法缠绕手腕，后将右手的大拇指及四指分别握于伤者手腕处的前侧和后侧，将绷带由手腕向手部中指处缠绕，后返回手腕部用大拇指及四指握住，依次返回手部的大拇指侧回至手腕，由手腕向小指方向缠绕，在包扎中依然遵循后圈盖住前圈三分之一或二分之一，手指进行返回缠绕后，由手指处螺旋向下缠绕后圈盖住前圈三分之一或二分之一，缠绕至手腕处，止于桡侧（见图 5-6）。

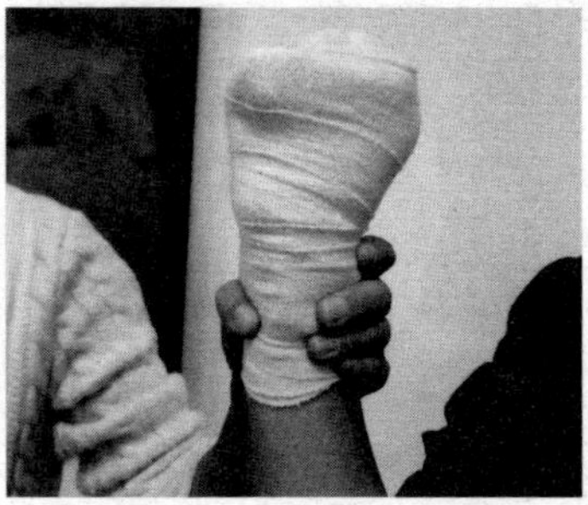

图 5-6　反回形包扎法

2. 三角巾包扎法

三角巾是运动损伤急救包扎的常用材料，制作简单，可取 $1m^2$ 的正方形白布，依对角线裁开，这样就制作成了两个三角巾。三角巾使用方便，包扎方法容易掌握，且包扎面积大。三角巾不仅是较好的包扎材料，还可固定夹板、敷料和代替止血带使用。

（1）帽式包扎法

帽式包扎法主要是针对头顶部损伤的保护方法。操作方法：将三角巾底边的中点放在额前眉上部，顶角经头顶垂向枕后正对脊柱，再将底边经左右耳上向后拉紧，在枕部交叉，并压住垂下的枕角再交叉绕耳上到额部拉紧打结。最后将顶角向上反掖在底边内或用安全针及胶布进行固定（见图 5-7）。

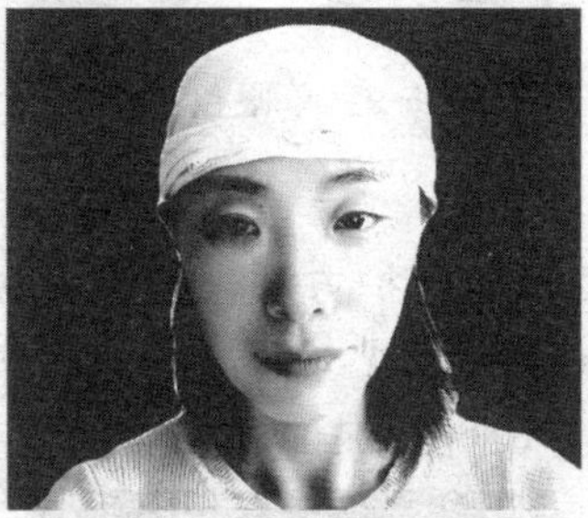

图 5-7　帽式包扎法

（2）风帽式包扎法

风帽式包扎法主要是针对头顶部、头两侧颞部等损伤的保护方法。操作方法：将三角巾顶角及底边中点各打一个结。两结的距离参照人体额部到枕部的距离。将顶角结对前额，底边结对枕后，将三角巾放置在头上，收紧。三角巾两腰边叠成宽带向前覆盖下颌，宽带下悬空，另一折叠宽边由下兜住下颌两宽边在枕后结上打结固定（见图 5-8）。

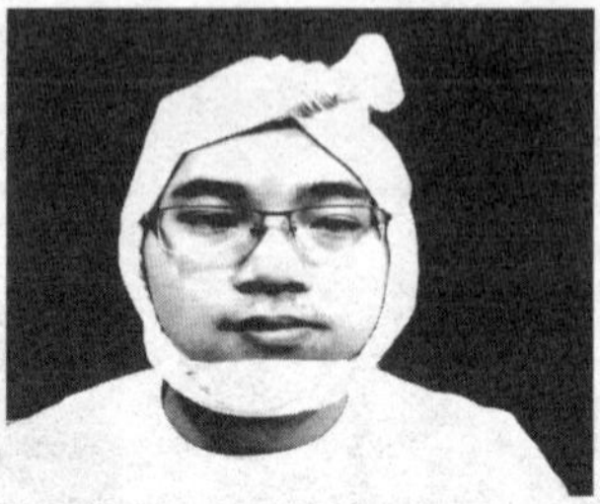

图 5-8　风帽式包扎法

（3）单眼包扎法

单眼包扎法主要是针对运动中一侧眼部受伤而进行包扎的方法。操作方法：将三角巾折叠为一至三指宽的宽带。包扎者立于受伤者健侧眼一侧的身体外侧，将三角巾宽带按前后 3∶2 的比例持握。三角巾由伤侧耳下折叠后斜向上 45°开始包扎，前侧宽带覆盖住受伤眼后停在健侧眼上，并覆盖后方向前宽带向下折叠，折叠后前侧宽带在健侧耳下向上折叠，向后在伤侧耳上与后向前的宽带打结固定（见图 5-9）。

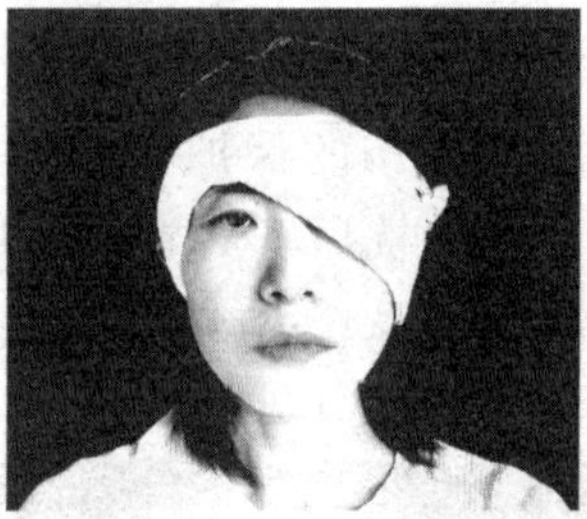

图 5-9　单眼包扎法

（4）双眼包扎法

双眼包扎法是用于双眼受伤的保护方法。操作方法：将三角巾折叠为一至三指宽的宽带。两侧等长双手持握由头后枕上向前，左右两宽带依次覆盖左右伤眼，后交叉向后在头后枕下打结固定（见图 5-10）。

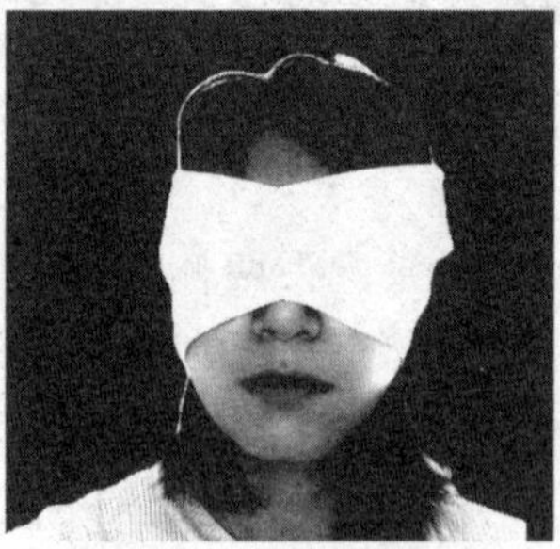

图 5-10　双眼包扎法

（5）下颌包扎法

下颌包扎法应用于对下颌部受伤的保护。操作方法：将三角巾折叠为一至四指宽的宽带，双手等长持握由枕后起始，将一侧宽带覆盖下颌，由另一侧宽带覆盖其下方兜住下颌后在枕后打结固定（见图 5-11）。

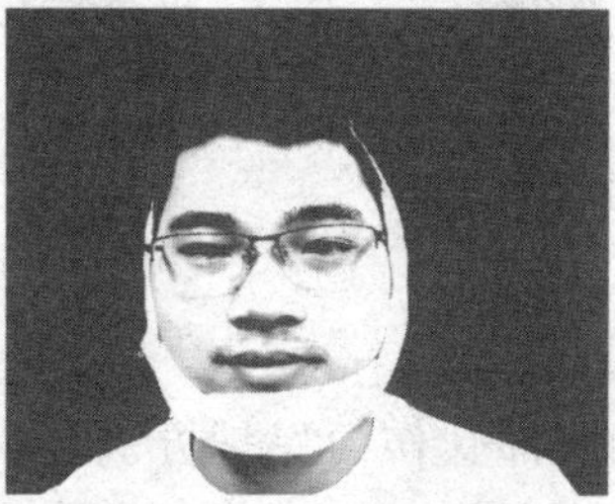

图 5-11　下颌包扎法

（6）单肩包扎法

单肩包扎法主要用于对单侧肩部受伤的保护。操作方法：将三角巾顶角向后放置于伤侧肩后覆盖住肩胛骨。一侧底角由前覆盖前胸放置在伤者健侧肩下腋窝并压住。将顶角的系带在不移动顶角位置条件下拉至伤侧肩下肱骨上三分之一处缠绕肱骨。后将另一底角向上翻转盖住肩关节在背后与腋下底角打结固定。注意打结处放置软垫防止对伤者产生伤害（见图 5-12）。

图 5-12　单肩包扎法

（7）双肩包扎法

双肩包扎法主要用于两侧肩部受伤的保护。操作方法：将三角巾顶角向后正对脊柱披在伤者肩上，将三角巾的两底角由前经腋下向后在顶角上打结固定。将顶角收紧由一侧肩上向前在一侧锁骨外侧半在三角巾上做一假扣固定，将系带拉向另一个锁骨外侧半，在三角巾做假扣，用系带固定（见图 5-13）。

图 5-13　双肩包扎法

（8）单胸包扎法

单胸包扎法主要用于一侧胸部受伤的保护方法。操作方法：将三角巾顶角由伤侧肩缝将底边向外折叠固定在胸下位。将三角巾底边在背后打结，后将肩缝处顶角与下方宽带固定（见图 5-14）。

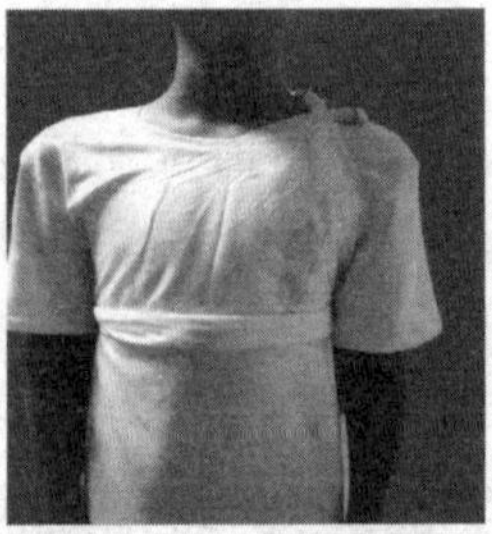

图 5-14　单胸包扎法

（9）双胸包扎法

双胸包扎法主要应用于两侧胸部受伤的包扎法。操作方法：将三角巾折叠成等大的燕尾，燕尾的宽度为两侧胸部的距离。将两燕尾向上覆盖住两胸部，顶角与底边折叠处在后打结固定，之后将三角巾顶角系带在一个底角正下方向上与底角打结固定，后将系带向下固定在另一侧底角下，向上与另一底角打结固定（见图 5-15）。

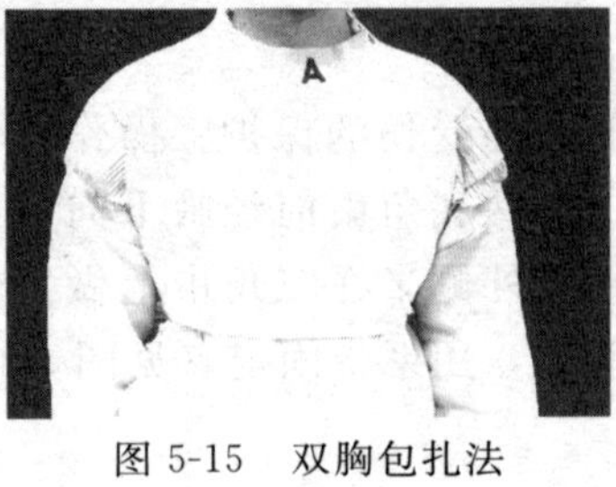

图 5-15　双胸包扎法

（10）腹部包扎法

腹部包扎法主要应用于受伤腹部的保护。操作方法：将三角巾由顶角及底边折叠成差异较大的大小燕尾，大燕尾在外、小燕尾在内将顶角系带与底边折叠处固定，将大燕尾与小燕尾在一侧臀上打结固定（见图 5-16）。

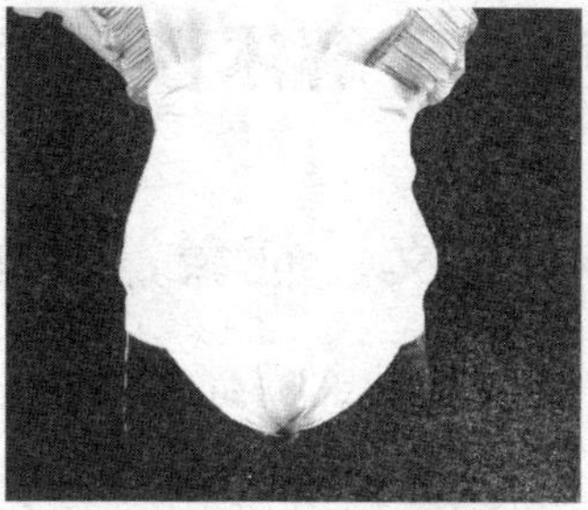

图 5-15　腹部包扎法

四、高校学生应具备骨折基础知识的应急储备

骨折是运动创伤中较为严重的症状，它是指由暴力引起的骨的完整性或连续性被破坏所致的损伤，通常多发部位为四肢长骨。骨折按其伤口有无和外界相通，可分为闭合性骨折和开放性骨折；按照骨折部位有无完全断裂，又可分为完全骨折和不完全骨折。一般在运动创伤的骨折中，较多的是闭合性完全骨折。

体育教学中骨折的发生有因直接暴力作用而引起的，如，在参加足球比赛时，小腿被人猛踢一脚，而发生胫骨骨折；也有因间接暴力所致，如，自高处摔下，手撑地而引起肱骨骨折。无论是何种原因引起的骨折，发生时往往都会有骨断裂和骨擦音，肢体形态也会发生改变，骨折部位疼痛，严重骨折（如股骨骨折）疼痛剧烈、持久，甚至可能引起休克。骨折时，由于周围血管及软组织的损伤，会出现肢体肿胀，还可能发生内脏破裂、神经或大血管损伤及休克等并发症。因此，正确掌握骨折的知识，对有效预防、正确进行应急处理骨折有非常重要的作用。

1. 征象

骨折后的症状一般都比较严重，主要表现为疼痛、肿胀、皮下瘀血、功能丧失，出现畸形和假关节，有压痛和阵痛感。

2. 处理

骨折发生后应立即停止伤肢的活动，并进行急救。如，病人有休克的症状，要立即平躺休息，喝些热茶水，然后进行包扎。固定包扎时，动作要轻巧、缓慢，不要乱拉乱拖，以免造成严重的错位，影响整复。包扎好后，立即送医院治疗。

3. 预防

在剧烈运动中，尽量减少冲撞性的动作，尤其作用时间短、强度大的动作是导致骨折发生的最危险的因素，所以应避免剧烈运动中的碰撞。

第五节　高校学生应了解体育教学中常见运动损伤

一、了解肌肉挫伤的定义、征象、处理预防

挫伤是钝性暴力直接打击到身体某部位而引起的闭合性损伤。

1. 征象

一般性挫伤可使伤部出现疼痛、肿胀、皮下瘀血、功能障碍等。肌肉挫伤一般分为外表层挫伤和深层部挫伤两种，或两者兼有之。临床挫伤分为三个等级：

轻度：局部压痛，如，膝关节活动幅度在90°以上，无步态改变。

中度：压痛较重并有肿块，如，膝关节活动小于90°，受伤者有跛行，不能深度弯曲膝关节。

重度：有严重肿胀与压痛，如，膝关节活动小于45°，在没有帮助下受伤者不能行走。

2. 处理

发生肌肉挫伤后要马上停止锻炼，如果皮肤出血，先用酒精将伤口消毒，撒些消毒药粉，并用干净布包起来。如果受伤部位红肿疼痛，可先用冷毛巾冷敷局部，一天一夜后改用热毛巾敷在局部。经过治疗伤势减轻后，要及时活动受伤的关节或肌肉，以便尽早恢复功能。

3. 预防

肌肉挫伤往往在接触性的运动（篮球、足球、橄榄球等）中发生，因此，可以通过穿戴运动护具来预防肌肉挫伤，如，从事足球运动时可戴护腿板等。另外，锻炼前应做好充分的准备活动；练习时不要用力过猛，以防超过肌肉、关节、韧带的负荷限度。

二、了解肌肉拉伤的征象、处理及预防

1. 征象

肌肉拉伤可分为主动拉伤和被动拉伤两种。前者是由于肌肉做主动的猛烈收缩

时，其力量超过了肌肉本身所能承担的能力；后者主要是肌肉用力牵伸时超过了肌肉本身特有的伸展程度，从而引起拉伤。临床上一般分为三级：

轻度：只有少数的肌纤维被拉长和撕裂，而周围的筋膜只在显微镜下能见到。运动时有疼痛感，但仍可以运动。

中度：有较多数量的肌纤维断裂，筋膜可能亦有撕裂，锻炼者可能有啪的一声拉断的感觉。常可摸到肌肉与肌腱连接处略有缺失和下陷。在断裂处周围由于出血，可能发生水肿。

重度：肌肉完全撕裂。撕裂处多见于肌腹、肌腱或者在肌腱与骨的联结点上，锻炼者基本上不能活动。受伤后首先产生剧烈的疼痛，但疼痛很快消退，因为此时神经纤维也遭受损伤了，这时一般需要进行外科手术治疗。

2. 治疗

肌肉抗阻力实验是检查肌肉拉伤程度的一种简便方法。其做法是，患者做受伤肌肉的主动收缩活动，检查者对该活动施加一定阻力，在对抗过程中出现疼痛的部位即为损伤处。其治疗要根据情况而定，少量肌纤维断裂者，应立即给予冷敷，局部加压包扎，并抬高患处。肌肉大部分或完全断裂者，在加压包扎后应立即去医院进行治疗。

3. 预防

进行大强度运动前要做好准备活动，尤其是易拉伤部位的准备活动；体质较弱者练习时要量力而行，防止过度疲劳和负荷太重；要提高动作的协调性，不要用力过猛。肌肉拉伤后重新参加锻炼时要循序渐进，不可操之过急，并要加强局部保护，防止再度拉伤。

三、了解胫腓骨疲劳性骨膜炎的征象、处理及预防

疲劳性骨膜炎多发于初参加运动的人，此病发病率极高，许多人可在运动过程中不断适应负荷，而自行愈合。在较硬地面上跑跳过多，没有遵循循序渐进的训练原则，一时运动量过大是引起胫腓骨疲劳性骨膜炎的主要原因。

1. 征象

疼痛，压痛，支撑痛，局部灼热，骨膜下水肿。

2. 处理

首先，要停止大运动量的练习。避免剧烈的跑跳，或每天用 40℃的温水浸泡患处半小时，并用绷带将小腿包扎起来，休息几天就会好转。其次，要用热水袋局部

热敷，促进血液循环，加快渗出物的吸收。病情严重的要完全休息，待彻底治愈后再进行锻炼。

3. 预防

参加体育锻炼的人特别是在练习跑跳时，要遵循循序渐进的原则，不要突然进行大量运动，更要防止过度疲劳；脚尖着地跑和脚掌着地跑交替进行；剧烈跑跳之前要做好准备活动，使肌肉和肌腱充分活动开，脚着地时要注意缓冲力，更不要在坚硬的场地上长时间的跑跳。

五、做好运动性病症

1. 康复训练的目的

（1）保持锻炼者已经获得的良好身体状态，使其一旦伤愈便可立即投入正常的体育锻炼中去。

（2）预防因停止锻炼而引起的各种疾病。这是因为个体在长期的体育锻炼中建立起来的各种条件反射性联系，一旦突然停止锻炼便可能遭到破坏，而产生机能紊乱，如，神经紊乱、胃扩张、胃肠道机能紊乱（功能性腹泻）等。

（3）可使机体能量代谢趋于平衡，防止体重的增加，缩短伤后恢复锻炼所需的时间。

2. 康复训练的原则

（1）应以不加重损伤、不影响损伤愈合为前提。

（2）合理安排训练的内容和训练的量。

（3）必须遵守循序渐进的原则。

（4）应注意局部专门性练习和全面身体锻炼相结合。

3. 训练的内容和方法

（1）主动运动：是由患者自己主动完成的一种训练，包括静立性练习、动力性练习和等动练习。

（2）被动运动：适用于伤后的各类功能障碍。

（3）渐进抗阻运动：该练习可以增进肌力和耐久力，抗阻练习可增加关节的活动范围与柔韧性。

第六节　高校学生应掌握常见的运动性病症的知识

运动性病症又称运动性疾病，是指一类在运动中或运动后出现的因运动引发的疾病的总称，这类疾病的共同特点是因运动引发，包括过度训练综合征（过度训练)、运动应急综合征(过度紧张)、运动性尿液异常(运动性血尿、运动性蛋白尿等)、运动性低血糖、肌肉痉挛、运动性腹痛、运动性中暑、运动性晕厥等。

在体育教学中,学生易因运动负荷与身体生理机能不匹配,而出现运动中及运动后的运动性病症,发病有急缓之分,病症有病理、症状、处理及预防的差异,大学生作为体育学习的主体,容易出现运动性病症,应学习相应知识,注意辨别自身身体的不良状态,了解危险信号对于防止运动性病症,预防运动性病症引发的身体、心理、运动能力、运动成绩的不良变化有非常重要的意义。

一、高校学生了解过度训练,警惕运动疲劳的堆积

过度训练的全称是“过度训练综合征”,是指运动负荷与身体功能状况不相适应,疲劳长期积累而引起功能紊乱或病理状态。

(一) 原因与发病机理

1. 训练安排不当

教学与训练中没有遵守循序渐进和系统性训练原则,持续进行大运动负荷训练,缺乏明显的节奏,不会及时调整训练内容;

在训练不够系统的情况下进行大运动负荷训练;

训练中未注意个人的特点(如,年龄、性别、运动水平和功能状态);

没有考虑随着季节、气候变化而适当调整训练计划;

伤病后身体未完全康复就投入正规训练中;

训练内容单一,片面追求单项成绩,缺乏全面身体素质训练和心理训练等。

2. 比赛安排不当

比赛前训练准备不够;

连续比赛缺乏足够的休息,赛后体力尚未完全恢复即进行大运动负荷训练;

伤病后过早参加比赛等。

3. 其他原因

如,生活模式遭到破坏、营养不良、环境不良、精神创伤、心理压力过大等,均可使身体功能下降,从而导致本来在正常情况下不会出现的过度训练的发生。

4. 过度训练的可能机制

(1) 神经系统过度紧张,造成兴奋和抑制过程均衡性遭到破坏,破坏了原有的动力定型,从而使皮层和皮层下功能紊乱,引起各系统器官功能失调。

（2）神经体液调节功能紊乱，机体内应激系统发生一定的“衰竭”；

（3）肾上腺皮质功能不全，表现为下丘脑对低血糖的刺激不敏感，或下丘脑—垂体功能失调；

（4）免疫系统功能下降，主要表现为“T 细胞免疫力”暂时下降，白细胞总数减少，肌肉不能释放足够的谷氨酰胺，导致免疫功能下降。

（二）发病时机

一般说来，运动员在刚开始训练阶段是不会出现过度训练的。通常只有在提高成绩阶段，特别是接近个人最高竞技成绩（所谓良好的竞技状态）时，出现过度训练的可能性才逐渐增加。

（三）表现

早期症状：以神经系统表现为主，与神经衰弱相似，大运动负荷后出现睡眠欠佳、食欲不振、头痛头晕、记忆力下降、易疲倦、运动时使不上劲、运动成绩下降等，客观检查无明显改变。因此，过度训练在早期极容易被忽视。

中后期表现：除早期症状加重外，还出现全身乏力，无训练欲望，小运动负荷也感觉疲劳，且在 24 小时内不能恢复，运动能力和运动成绩明显下降；安静血压和脉率明显升高，联合功能试验异常反应多呈梯形反应；以及紧张性不全型，血液检查表现为血红蛋白下降、血睾酮水平下降等。

过度训练的运动员一般有身体抵抗力下降，免疫球蛋白降低，容易患病的症状；此外，还可能引起肌肉的持续性酸痛、僵硬和痉挛，甚至出现肌肉损伤和疲劳性骨折。过度训练的症状是多种多样的，诊断时应详细，尽量在早期判断出来。

（四）处理

关键：早期发现、及早处理。

处理的基本原则：消除病因，调整训练内容或改变训练方法，对症治疗。

1. 早期只需要调整训练计划，控制运动负荷及运动强度，减少或避免难度大的动作，减少速度及力量性练习；注意休息、保证充足的睡眠；增加营养。

2. 中后期则要暂时停止专项训练和比赛，多辅以全面训练和放松性训练，积极进行温水浴、按摩和药物疗法（以中草药、多种维生素为主）。

注意事项：过度训练经恰当治疗后，轻者 2～4 周可治愈，较重者需要 2～6 个月，严重者需要更长的时间。过度训练病愈后恢复训练时要逐步增加运动负荷及运动强度，以防复发。

（五）预防

1. 定期进行身体功能检查；
2. 制定个体化的运动训练计划；
3. 遵守科学训练原则，加强全面训练；
4. 大运动负荷训练或比赛后，要积极恢复，保证充足的睡眠和营养；
5. 伤病后的恢复训练要加强医务监督；
6. 对早期的过度训练及时进行处理。

二、高校学生应了解运动应激综合征（过度紧张），警惕运动性猝死

运动应激综合征（过度紧张）是在训练或比赛时，运动负荷超过了机体的承受能力而引起的病理状态，常在训练或比赛后即刻或短时间内发病。

多发生在中长距离跑、自行车、足球等运动项目。

（一）原因

1. 锻炼较少，训练水平差；
2. 缺乏比赛经验；
3. 长期受伤病的困扰而中断训练；
4. 进食后不久即进行激烈运动等。

（二）临床表现

表现多种多样，主要有以下几种类型：

1. 急性胃肠功能紊乱型

急性胃肠功能紊乱是过度紧张时最常见的表现。

运动员常在剧烈运动不久后出现恶心、呕吐、面色苍白、腹部有轻压痛等症状。也可引起运动应激性溃疡。这可能是由于运动员极度疲劳，再加上精神过度紧张，使胃酸分泌明显减少而致。

2. 心功能不全型

表现为运动后头晕、眼花、步态不稳、面色苍白、心前区和右季肋部疼痛等，检查时可发现脉率明显加快而弱，心律不齐、血压下降等。

这可能是由于运动负荷超过心脏的负担能力，使心肌缺血、缺氧，心肌收缩能

力减弱、心输出量明显降低，甚至造成心肌梗死而引起死亡。

3. 脑血管痉挛型

运动后突然发生一侧肢体麻木，动作不灵活或麻痹，伴有头痛、恶心、呕吐等。其原因为脑部缺血、缺氧和脑血管痉挛。

4. 运动猝死

(1) 含义

运动中或运动后，症状出现后24小时内死亡称为运动性猝死。

(2) 运动性猝死的原因

心性猝死：主要是由心血管疾患所致，在激烈运动中诱发急性心力衰竭（如，动脉粥样硬化、先天性心脏病、心瓣膜和心肌病变、传导系统异常等）。

脑性猝死：主要是由脑血管畸形、脑血管瘤、高血压等导致脑出血。

不明原因型：其他某些原因。

(3) 运动性猝死的预防

及早识别可能发生运动性猝死的高危人群：通过体格检查及询问病史；

要注意观察运动性猝死的先兆症状：运动中出现较明显的胸闷、压迫感、极度疲劳等情况时应及时中止运动并进行详细检查；

若出现发热等症状应避免参加剧烈运动；

避免过度运动和过度训练；

做好充分的准备活动；

重视运动员心脏的自我保健，比如戒烟等。

(三) 处理

病情较轻者：让运动员平卧，注意保暖，吃易消化的食物，一般1～2天会有好转；

有心功能不全者，应立即采取半坐卧位，保持安静，并针刺或点掐内关、足三里；昏迷者，应再针刺或点掐人中、百会、合谷、涌泉等穴；

有心跳呼吸暂停者，立即进行心肺复苏。

(四) 过度紧张的预防

(1) 遵守科学训练原则。训练水平低、身体素质差及体弱患病者要根据自己身体的实际情况而定；患病期间应停止训练；病愈后训练时要循序渐进；饭后要休息足够时间才能进行剧烈运动。

（2）运动员选拔时，要进行全面体格检查。

三、高校学生应重视运动中腹痛，关注疼痛部位，排除运动隐患

（一）原因和征象

运动中腹痛多数在进行中长跑时产生。主要因准备活动不充分，开始时运动过于剧烈或者跑得过快，内脏器官功能尚未达到竞赛状态，致使脏腑功能失调，引起腹痛；也有的因运动前吃得过饱，饮水过多，以及腹部受凉引起胃肠痉挛；少数因运动时间过长或过于剧烈，使下腔静脉压力上升，引起血液回流受阻，或者因肝脾瘀血，膈肌运动异常，致使两肋部胀痛。

（二）处置和预防

（1）处置：如果没有气质性病迹象，一般可采用减慢跑速，加深呼吸，按摩疼痛部位或弯腰跑一段等方法处理，疼痛常可减轻或消失。若疼痛仍不减轻，甚至加重，就应停止运动，并口服十滴水或普鲁苯辛（每次一片），可揉按内关、足三里、大肠俞等穴位。如仍不见效，应送医院做进一步检查。

（2）预防：饭后一小时才可进行运动；做好准备活动，运动量要循序渐进，并注意呼吸节奏；夏季运动要适当补充盐分；对于各种慢性病引起的腹痛应就医检查，病愈之前，应在医生和体育教师指导下进行锻炼。

四、肌肉酸痛

（一）原因和征象

这种酸痛不是发生在运动结束后即刻，而是发生在运动结束后 12 天以后，因此也称为延迟性疼痛。原因是运动时肌肉活动量过大，引起局部肌纤维及结缔组织的细微损伤和部分肌纤维的痉挛所致。由于这种酸痛现象只是局部肌纤维的细微损伤和痉挛，不影响整块肌肉的运动功能。所以，酸痛后经过肌肉内部对细微损伤的修复，肌肉组织会变得更加强壮，以后同样负荷将不易再发生酸痛。

(二) 处置和预防

1. 处置

如已经出现肌肉酸痛后，可采用以下方法减轻和缓解。

(1) 热敷。对酸痛的局部进行热敷，促进血液循环代谢过程，有助于损伤组织的修复及痉挛的缓解。

(2) 伸展练习。对酸痛局部进行静力牵张练习，保持伸展状态 2 分钟，休息 1 分钟，重复进行，有助于缓解痉挛。

(3) 按摩使肌肉放松。促进血液循环，缓解肌肉痉挛和损伤修复。

(4) 口服维生素 C。维生素 C 可促进结缔组织中的胶原合成，有助于损伤的结缔组织修复。

(5) 针灸、电疗。也有一定的缓解作用。

2. 预防

锻炼时，应根据自身的身体状况安排锻炼负荷，尽量避免局部肌肉负担过重，并充分做好运动前的准备活动和运动后的整理活动。

五、不要小看运动中暑，要注意温度、湿度、通风，头部防护要做好

(一) 原因和征象

(1) 原因：长时间在高温环境中进行体育锻炼易发生中暑，尤其是在温度高、通风不良、头部缺乏保护、被烈日直接照射的情况下最容易发病。

(2) 征象：早期可有头晕、头痛、呕吐现象，逐步发展体温升高，皮肤灼热干燥。严重者可出现精神失常、虚脱、抽搐、心律失常，血压下降，甚至昏迷危及生命。

(二) 处置与预防

(1) 处置：首先将患者送到阴凉通风处休息，同时采取降温消暑手段，如，解开衣领，额部冷敷作头部降温，喝些清凉饮料并补充普通生理盐水或葡萄糖生理盐水等。

(2) 预防：在高温炎热季节锻炼时，应适当减少运动量和锻炼时间；避免在烈日下长时间锻炼；夏天在室外锻炼时，应戴白色凉帽，穿宽敞薄衣；在室内锻炼时，

应保持良好通风并备有低糖含盐的饮料。

六、了解运动性贫血，注意控制运动负荷，关注个人不良症状

（一）原因和征象

血液中红细胞与血红蛋白量低于正常值，称为贫血。因运动引起的这种血红蛋白量减少，即称为运动性贫血。运动性贫血的指数为男性的血红蛋白量低于12g、女性低于10.5g。在通常情况下，本病的发病率女性高于男性。由于贫血，常引起多种不良的生理反应，危及健康。所以，这部分学生常常畏惧体育锻炼，特别是中长跑锻炼。

（1）原因：运动时，由于肌肉对蛋白质和铁的需求量增加，一旦需求量得不到满足，即会引起运动性贫血。运动时，由于脾脏释放的溶血卵磷脂能使红细胞的脆性增加，加上剧烈运动时血流加速，易引起红细胞破裂，致使红细胞的新生与衰亡之间的平衡遭到破坏，从而导致运动性贫血。

（2）征象：运动性贫血发病缓慢，其症状表现有头晕、恶心、呕吐、气喘、体力下降及运动后心悸、心率加快、脸色苍白等。

（二）处置和预防

（1）处置：在运动中（后）出现头晕、无力、恶心等症状时，应适当减少运动量，必要时暂停运动，并补充富含蛋白质和铁的食物，口服硫酸亚铁，这对缺铁性贫血有明显治疗效果。

（2）预防：运动时遵循循序渐进和个别对待原则，调整膳食。经常有头晕症状时，应及时诊断医治，以确保正常参加体育锻炼。

七、肌肉痉挛

肌肉痉挛是肌肉不自主地强直收缩，变得坚硬，俗称“抽筋”。运动中最容易发生痉挛的肌肉是小腿腓肠肌，其次是足屈拇肌和屈趾肌等。

（一）原因和征象

在体育锻炼时，肌肉受到寒冷的强刺激时，即可能发生肌肉痉挛。常在游泳或冬季户外锻炼时发生；有的在准备活动不够、肌肉猛力收缩或收缩与放松不协调时，

均可发生肌肉痉挛；也有的由情绪过分紧张所致。肌肉痉挛时，肌肉突然变得坚硬，疼痛难忍，而且一时不易缓解。

（二）处置与预防

（1）处置：对痉挛部位的肌肉做牵引。例如，腓肠肌痉挛时，即伸直膝关节，并配合按摩与揉捏及点压委中、承山、涌泉穴等，以促使痉挛缓解或消失。

（2）预防：运动前做好准备活动，对容易发生痉挛的部位，事先应当做适当按摩；夏季进行长时间运动时，要注意补充盐分，冬季锻炼时，要注意保暖；游泳下水前，应先用冷水沐浴，游泳时，不要在水中停留时间太长；疲劳和饥饿时不要进行剧烈运动。

八、警惕大脑供血不足，从源头遏制运动性昏厥

（一）原因和征象

在运动中，由于脑部突然血液供给不足而发生的一时性知觉丧失现象，叫作运动性昏厥。

（1）原因：由于剧烈运动或长时间运动，使大量血液积聚在下肢，回心血量减少。也和剧烈运动后引起的低血糖有关。

（2）征象：全身无力，头昏耳鸣，眼前发黑，面色苍白，失去知觉，突然昏倒，手足发凉，脉搏慢而弱，血压降低，呼吸缓慢等。

（二）处置和预防

（1）处置：应立即使患者平卧，足略高于头部，并由小腿向大腿心脏方向进行推摩或拍击。同时用手指按压人中、合谷等穴位，必要时给氨水闻嗅。如有呕吐，应将患者头偏向一侧。如停止呼吸，应立即进行人工呼吸。如轻度休克，应由同伴搀扶慢慢走一段时间，帮助进行深呼吸，即可消除症状。

（2）预防：平时要经常坚持体育锻炼，以增强体质；久蹲后不要突然起立；不要带病参加剧烈运动；疾跑后不要立即停下来；不要在饥饿情况下参加剧烈运动。只要遵循上述要求，运动性昏厥是可以避免的。

参考文献

[1] 顾丽燕．运动医务监督［M］．北京：北京体育大学出版社，2009.

[2] 赵斌，姚鸿恩．体育保健学［M］．北京：高等教育出版社，2011.

[3] 董伯云．人本主义视野下学校体育纳入应急体育教育的研究［J］．南京体育学院学报（社会科学版），2017（1）.

[4] 李立新．生命安全教育理念下的体育教学——评《体育与生命安全教育》［J］．中国安全科学学报，2019（4）.

[5] 周建，李占海，张志新．河北省中小学体育教育在突发公共事件应急管理中的作用研究［J］．廊坊师范学院学报（自然科学版），2015（3）.

[6] 陈丽蓉．浅议小学体育教育中加强应急救护教育的重要性［J］．考试周刊，2019（54）.

[7] 彭丹．高校体育课开展应急避险教育的必要性分析［J］．西部素质教育，2016（4）.

[8] 高锐，陈玲．高校在体育课中开展应急避险教育的能动性分析［J］．文体用品与科技，2015（22）.

[9] 栾秀群．高校体育教育与应急教育的结合与对策［J］．企业文化（下旬刊），2013（11）.

[10] 李书江．高校防空地下室的火患［J］．安全，2004（6）.

[11] 吴冬杰．将应急生存教育融入体育课堂的策略研究［J］．教育艺术，2019（4）.

[12] 孟梦．对体育与健康课程中开发应急救护教育的必要性和实施途径的分析［J］．科教导刊（电子版），2017（29）.

[13] 丁亚，丁玎，陈俊峰，等．辽宁省大学生应急教育现况需求及影响因素分析［J］．中国学校卫生，2019（6）.

[14] Serap Çuhadar1，Ayşenur Atay，Gülcan Sağlam，et al. Cardiovascular risk factors in young male adults：impact of physical activity and parental education［J］. Central Asian Journal of Global Health，2013（02）：44-55.

[15] Sander Bliekendaal，Maarten Moen，Young Fokker et al. Incidence and risk factors of medial tibial stress syndrome：a prospective study in Physical Education Teacher Education students［J］. BMJ Open Sport & Exercise Medicine，2018（09），1-7.

[16] Reginald L., Physical Education in Schools Helps Reduce Future Cardiovascular Risk, Circulation. 2009; 120: 2168-2169.

[17] Jan Wright, Gabrielle O'Flynn, Rosie Welch, In search of the socially critical in health education: Exploring the views of health and physical education preservice teachers in Australia [J]. Health Education: 2018 (02): 117-130.

[18] Adam John White, John Batten, Stefan Robinson, Eric Anderson, Andrew Burns, Jo Batey, Helen Ryan—Stewart, Russell Discombe, Tackling in physical education rugby: an unnecessary risk?, Br J Sports Med, 2018 (24) : 114-115.

[19] Zachary Wahl—Alexander, Jennifer M. Jacobs & Timothy Mack, Lessons Learned from the Field: Teaching in High—risk Physical Education Environments, Journal of Physical Education, Recreation & Dance, 2019 (04): 7-15.

[20] MICHAEL GARD, JAN WRIGHT, Managing Uncertainty: Obesity Discourses and Physical Education in a Risk Society, MANAGING UNCERTAINTY. 2001 (20): 535-549.

[21] Mylène Leroux, Charlotte Beaudoin, Johanne Grenier, Sylvain Turcotte et Marie—Claude Rivard, Similarities and Differences in Risk and Protective Factors in Teacher Induction for Prospective Elementary and Physical and Health Education Teachers, McGill Journal of Education, 2018 (06): 806 831.

[22] Monday Omoniyi MOSES, Physical Activity and Health Risk Behaviours among Colleges of Education, Greener Journal of Educational Research, 2012 (01): 19-27.

[23] Podstawski Robert, Zwolińska Danuta, Nowosielska—Swadźba Danuta, Problems of safety and risk in physical education, ПЕДАГОГІКА ПСИХОЛОГІЯ, 2015 (10): 82-89.

附　　录

附件一　体育教学环节风险防范现状调查问卷（教师卷）

尊敬的各位教师：

您好！

为了解高校体育教学环节风险防范现状，制定此调查问卷。调查结果无对错、是非之分，只作论文研究需要。本问卷为不记名调查，不会影响您的正常工作生活。希望您百忙之中抽出时间填写，感谢您的帮助！

填写说明：

1. 请将每个问题后适合自己情况的答案填入（　　）内，或在________处填写适当的内容。

2. 若无特别说明，每个问题只能选择一个答案。

3. 填写答案无对错之分，请根据个人实际情况填写。

一、个人资料

1. 您所在的高校是：（　　）

A. 华北科技学院　B. 防灾科技学院　C. 燕京理工学院　D. 其他________

2. 您的性别是：（　　）

A. 男　B. 女

3. 您的年龄是________岁。

4. 您目前的职称是：（　　）

A. 教授　B. 副教授　C. 讲师　D. 助教

E. 其他

5. 你的教龄是：（　　）

A. 5 年及以下（包含 5 年）　B. 5～10 年（包含 10 年）

C. 10～15 年（包含 15 年）　D. 15～20 年（包含 20 年）

E. 20～25 年（包含 25 年）　F. 25 年以上

6. 您教学的体育项目有（　　）（可多选）

A. 篮球　B. 足球　C. 排球　D. 乒乓球
E. 网球　F. 羽毛球　G. 形体　H. 健美操
I. 体育舞蹈　J. 街舞　K. 跆拳道　L. 健身健美
M. 武术　N. 健身防卫　O. 轮滑　P. 攀岩与拓展
Q. 游泳　R. 体适能　S. 其他

二、体育教学中风险防范相关问题

7. 您教学的班级近5年是否发生过教学伤害事故？（　　）

A. 没有发生过　B. 1～2起　C. 3～5起　D. 5起以上

8. 如果发生过教学伤害事故，具体发生的项目有（　　）（可多选）

A. 篮球　B. 足球　C. 排球　D. 乒乓球
E. 网球　F. 羽毛球　G. 形体　H. 健美操
I. 体育舞蹈　J. 街舞　K. 跆拳道　L. 健身健美
M. 武术　N. 健身防卫　O. 轮滑　P. 攀岩与拓展
Q. 游泳　R. 体适能　S. 其他

9. 您认为高校体育课程教学安全事故是否可以避免？

A. 是　B. 否

10. 您是否参加过体育安全知识与技能培训？

A. 是　B. 否

11. 您在工作当中接受安全教育培训机会的情况如何（　　）

A. 0次/年　B. 1次/年　C. 2次/年　D. 3次/年

12. 您在进行体育课前是否观察并询问学生的健康状况？（　　）

（学生的健康状况主要指与体育运动相关的健康状况，如是否具有高血压、心脏病、近期是否做过手术等情况）

A. 每次课都问　B. 经常问，但不是每次
C. 很少问　D. 从不问

13. 您在上课前进行了哪些检查？（　　）（可多选）

A. 运动环境是否清洁卫生　B. 运动环境有无污染
C. 运动环境有无噪音　D. 运动器材卫生状况
E. 运动器材安全问题　F. 器械安放地点是否合理
G. 学生衣着是否符合运动要求　H. 室内场馆的通风情况
I. 运动场地的照明条件　J. 运动场地的空气温度及湿度
K. 其他

14. 教学开始阶段是否进行必要的准备活动？（　　）

A. 是　　B. 否

15. 您在课堂中进行哪些体育知识教育？（　　）（可多选）

A. 运动技能知识　　B. 体育锻炼知识

C. 运动人体科学知识　　D. 运动营养知识

E. 运动心理知识　　F. 体育保健知识

G. 运动损伤急救知识　　H. 健康常识

I. 运动安全知识　　J. 其他

16. 您在教学活动中跟学生讲明安全注意事项吗？（　　）

A. 每次课前都讲　　B. 多数时候讲，但不是每次

C. 很少讲　　D. 没有讲过

17. 您在体育课教学中是否对难度较大的技术动作进行保护帮助？

A. 经常会　　B. 偶尔会　　C. 不会

18. 体育课堂教学过程中注意关注学生运动中的哪些表现？（　　）（可多选）

A. 面色　　B. 神情　　C. 动作　　D. 出汗量

E. 心率　　F. 血压　　G. 肺活量　　H. 呼吸频率

I. 其他

19. 体育课程中学生对所学内容感到畏难、恐惧等情况，您会如何处理？（　　）

A. 特殊指导　　B. 言语鼓励　　C. 建立帮扶小组　　D. 降低要求

E. 其他处理方式　　F. 不处理

20. 您在体育教学中对特殊体质学生的关注情况？（　　）

A. 经常关注　　B. 偶尔关注　　C. 很少关注

21. 您所在学校是否对学生进行安全教育活动？（　　）

A. 3 次及以上/年　　B. 2 次/年　　C. 1 次/年　　D. 0 次/年

E. 不清楚

22. 您认为学校领导对学校体育安全工作的重视程度如何？（　　）

A. 非常重视　　B. 重视　　C. 一般　　D. 不重视

23. 您所在学校对学生进行安全教育的方式？（　　）

A. 主题讲座　　B. 校园广播　　C. 宣传栏　　D. 图书材料

E. 其他________

三、体育课堂中安全风险因素分析

体育课堂教学中有很多安全风险因素，会引发学生的运动损伤及伤害事故。请根据您的体育课堂教学实际，评价体育课堂教学中各安全风险因素对运动损伤及伤

害事故发生的影响程度，在您所认可的答案框内打“√”。

	影响因素	影响程度				
		非常大	比较大	一般	不是很大	没影响
个人因素	学生技术动作不正确					
	学生安全意识不强					
	学生缺乏自我保护的能力					
	学生心理素质差					
	注意力不集中					
	学生疾病					
教师因素	课前准备工作不到位					
	未进行课前健康检查					
	安全意识不强					
	专业技术能力不强					
	不善于发现安全隐患					
	保护工作不到位					
	上课纪律松散					
	教学秩序混乱					
	教学内容难度大					
	没有进行安全教育					
	教学差错					
环境及其他因素	其他同学的过错、过失					
	教学设备质量不合格					
	教学器材损坏					
	器材设施建造不合理					
	教学场地不合标准					
	恶劣天气					
	其他					

附件二　体育教学环节风险防范现状调查问卷（学生问卷）

亲爱的同学：

你好！

为了解高校体育教学环节风险防范现状，制定此调查问卷。调查结果无对错、是非之分，只作论文研究需要。本问卷为不记名调查，不会影响您的正常学习生活。希望您百忙之中抽出时间填写，感谢您的帮助！

填写说明：

1. 请将每个问题后适合自己情况的答案填入（　　）内，或在________处填写适当的内容。

2. 若无特别说明，每个问题只能选择一个答案。

3. 填写答案无对错之分，请根据个人实际情况填写。

一、个人资料

1. 你所在的高校是（　　）

A. 华北科技学院　　B. 防灾科技学院

C. 燕京理工学院　　D. 其他________

2. 你的性别是（　　）

A. 男　　B. 女

3. 你的年级是（　　）

A. 大学一年级　　B. 大学二年级

4. 你所属学院是____________________。

二、体育教学中安全相关问题

5. 你所在的学校是否会定期安排学生体检（　　）

A. 会定期（半年　　1 年　　2 年）

B. 不会定期（只是进校、大学毕业时进行，进校一次毕业一次）

C. 从来没有

D. 不清楚

6. 你所在的体育教学班级是否发生过教学伤害事故？（　　）

A. 没有发生过　　B. 1～2 起　　C. 3～5 起　　D. 5 起以上

7. 如果发生过教学伤害事故，具体发生的项目有（　　）（可多选）

A. 篮球　B. 足球　C. 排球　D. 乒乓球

E. 网球　F. 羽毛球　G. 形体　H. 健美操

I. 体育舞蹈　J. 街舞　K. 跆拳道　L. 健身健美

M. 武术　N. 健身防卫　O. 轮滑　P. 攀岩与拓展

Q. 游泳　R. 体适能　S. 其他

8. 你认为高校体育课程教学安全事故是否可以避免？（　　）

A. 是　B. 否

9. 教师在进行体育课前是否观察并询问学生的健康状况？（　　）

（学生的健康状况主要指与体育运动相关的健康状况，如是否具有高血压、心脏病、近期是否做过手术等情况）

A. 每次课都问　B. 经常问，但不是每次

C. 很少问　D. 从不问

10. 教师在上课前进行了哪些检查？（　　）（可多选）

A. 运动环境是否清洁卫生　B. 运动环境有无污染

C. 运动环境有无噪音　D. 运动器材卫生状况

E. 运动器材安全问题　F. 器械安放地点是否合理

G. 学生衣着是否符合运动要求　H. 室内场馆的通风情况

I. 运动场地的照明条件　J. 运动场地的空气温度及湿度

K. 其他

11. 教学开始阶段是否进行必要的准备活动（　　）

A. 是　B. 否

12. 教师在体育课堂中教授了哪些体育知识教育？（　　）（可多选）

A. 运动技能知识　B. 体育锻炼知识

C. 运动人体科学知识　D. 运动营养知识

E. 运动心理知识　F. 体育保健知识

G. 运动损伤急救知识　H. 健康常识

I. 运动安全知识　J. 其他

13. 教师在教学活动中讲明活动安全注意事项吗？（　　）

A. 每次课前都讲　B. 多数时候讲，但不是每次

C. 很少讲　D. 没有讲过

14. 教师在体育课教学中是否对难度较大的技术动作进行保护帮助？（　　）

A. 经常会　B. 偶尔会　C. 不会

15. 教师体育课堂教学过程中注意关注学生运动中的哪些表现？（　　）（可多选）

A. 面色　　B. 神情　　C. 动作　　D. 出汗量

E. 心率　　F. 血压　　G. 肺活量　　H. 呼吸频率

I. 其他

16. 体育课程中有学生对所学内容感到畏难、恐惧等情况，老师是怎样处理的？（　　）

A. 特殊指导　　B. 言语鼓励　　C. 建立帮扶小组　　D. 降低要求

E. 其他处理方式　　F. 不处理

17. 教师在体育教学中对特殊体质学生的关注情况是？（　　）

A. 经常关注　　B. 偶尔关注　　C. 很少关注

18. 你所在学校是否对学生进行安全教育活动？（　　）

A. 3 次及以上/年　　B. 2 次/年　　C. 1 次/年　　D. 0 次/年

E. 不清楚

19. 您所在学校对学生进行安全教育的方式是？（　　）

A. 主题讲座　　B. 校园广播　　C. 宣传栏　　D. 图书材料

E. 其他________

三、体育课堂中安全风险因素分析

体育课堂教学中有很多安全风险因素，会引发学生的运动损伤及伤害事故。请根据你的理解评价体育课堂教学中各安全风险因素对运动损伤及伤害事故发生的影响程度，在你所认可的答案框内打“√”。

	影响因素	影响程度				
		非常大	比较大	一般	不是很大	没影响
个人因素	学生技术动作不正确					
	学生安全意识不强					
	学生缺乏自我保护的能力					
	学生心理素质差					
	注意力不集中					
	学生疾病					

续表

	影响因素	影响程度				
		非常大	比较大	一般	不是很大	没影响
教师因素	课前准备工作不到位					
	未进行课前健康检查					
	安全意识不强					
	专业技术能力不强					
教师因素	不善于发现安全隐患					
	保护工作不到位					
	上课纪律松散					
	教学秩序混乱					
	教学内容难度大					
	没有进行安全教育					
	教学差错					
环境及其他因素	其他同学的过错、过失					
	教学设备质量不合格					
	教学器材损坏					
	器材设施建造不合理					
	教学场地不合标准					
	恶劣天气					
	其他					

附件三　高校学生运动安全认知与风险防范能力调查问卷

亲爱的同学：

您好！

我们是体育教学风险防范调查小组，为了解学生的运动安全认知及运动风险防范能力的现状特设计了这份调查问卷，感谢您的配合。此次调查为匿名形式，您的答案无对错之分，请按照个人的实际情况进行填写，您的答案对于我们的研究非常重要，感谢您的支持与合作！

填表说明：请你根据实际情况将正确答案的字母填写在题号前，或按题目要求在相应的"________"处填写，如无特别说明均为单项选择。

一、基本情况

1. 性别（　　）

A. 男　　B. 女

2. 你的年级是（　　）

A. 大学一年级　　B. 大学二年级

C. 大学三年级　　D. 大学四年级

3. 你所属学院是（　　）

A. 安全工程学院　　B. 化学与环境工程学院

C. 经济管理学院　　D. 机电工程学院

E. 电子信息工程学院　　F. 建筑工程学院

G. 计算机学院　　H. 文法学院

I. 外国语学院　　J. 理学院

K. 体育部　　L. 艺术系

M. 马克思主义学院　　N. 应急技术与管理学院

O. 安全监管学院

二、体育安全认知

4. 你认为学生个人的体育安全意识重要吗？（　　）

A. 非常重要　　B. 很重要　　C. 一般重要　　D. 不太重要

E. 不重要

5. 你认为学生个人的体育安全态度重要吗？（　　）

A. 非常重要　　B. 很重要　　C. 一般重要　　D. 不太重要

E. 不重要

6. 你认为学生个人的体育安全能力重要吗？（　　）

A. 非常重要　　B. 很重要　　C. 一般重要　　D. 不太重要

E. 不重要

三、体育安全知识

7. 你对运动损伤知识了解吗？（　　）

A. 了解　　B. 不了解

（选择“B”不了解，请跳过 8～10 题）

8. 你了解以下运动损伤的种类吗？（　　）

A. 开放性软组织损伤　　B. 闭合性软组织损伤

C. 都了解

9. 你对开放性软组织损伤的哪些知识有了解（　　）（多选题）

A. 损伤的种类　　B. 损伤的发生原因

C. 损伤的症状　　D. 损伤的急救措施

E. 损伤的治疗　　F. 损伤的预防措施

G. 其他

10. 你对闭合性软组织损伤的哪些知识有了解（　　）（多选题）

A. 损伤的种类　　B. 损伤的发生原因

C. 损伤的症状　　D. 损伤的急救措施

E. 损伤的治疗　　F. 损伤的预防措施

G. 其他

11. 你了解运动性病症的知识吗？（　　）

A. 了解　　B. 不了解

12. 你了解下列哪些运动性病症的名称？（　　）（如都不了解，可选其他）（多选题）

A. 运动性腹痛　　B. 运动性蛋白尿　　C. 运动性血尿　　D. 肌肉痉挛

E. 运动性中暑　　F. 过度训练综合征　　G. 过度紧张　　H. 冻伤

I. 运动性晕厥　　J. 运动性脱水　　K. 运动性猝死　　L. 运动性贫血

M. 其他

13. 你对哪些运动性病症的原因了解较清楚？（按照熟悉程度由高到低最多选择三项，如都不了解，可选其他）（　　）（多选题）

A. 运动性腹痛　B. 运动性蛋白尿　C. 运动性血尿　D. 肌肉痉挛

E. 运动性中暑　F. 过度训练综合征　G. 过度紧张　H. 冻伤

I. 运动性晕厥　J. 运动性脱水　K. 运动性猝死　L. 运动性贫血

M. 其他

14. 你对哪些运动性病症的症状了解较清楚？（按照熟悉程度由高到低最多选择三项，如都不了解，可选其他）（　　）（多选题）

A. 运动性腹痛　B. 运动性蛋白尿　C. 运动性血尿　D. 肌肉痉挛

E. 运动性中暑　F. 过度训练综合征　G. 过度紧张　H. 冻伤

I. 运动性晕厥　J. 运动性脱水　K. 运动性猝死　L. 运动性贫血

M. 其他

15. 你对哪些运动性病症的处理方式了解较清楚？（按照熟悉程度由高到低最多选择三项，如都不了解，可选其他）（　　）（多选题）

A. 运动性腹痛　B. 运动性蛋白尿　C. 运动性血尿　D. 肌肉痉挛

E. 运动性中暑　F. 过度训练综合征　G. 过度紧张　H. 冻伤

I. 运动性晕厥　J. 运动性脱水　K. 运动性猝死　L. 运动性贫血

M. 其他

16. 你对哪些运动性病症的预防了解较清楚？（按照熟悉程度由高到低最多选择三项，如都不了解，可选其他）（　　）（多选题）

A. 运动性腹痛　B. 运动性蛋白尿　C. 运动性血尿　D. 肌肉痉挛

E. 运动性中暑　F. 过度训练综合征　G. 过度紧张　H. 冻伤

I. 运动性晕厥　J. 运动性脱水　K. 运动性猝死　L. 运动性贫血

M. 其他

17. 你对运动损伤的急救知识是否了解？（　　）

A. 了解　B. 不了解

（如选择 B 不了解，请跳过 18 题）

18. 你了解哪些运动损伤的急救知识？（按照熟悉程度由高到低最多选择三项）（　　）（多选题）

A. 出血的急救　B. 急救包扎方法

C. 骨折的急救　D. 关节脱位的急救

E. 心肺复苏　F. 搬运伤员的方法

G. 其他

四、体育安全防范现状

19. 你是否会自行调控运动负荷？(　　)

A. 会　　B. 有时会　　C. 不会

20. 你是否会感觉个人运动过程中的不良状态？(　　)

A. 会　　B. 有时会　　C. 不会

21. 如果你感知到自己运动状态不良，你会如何处理？(　　)

A. 立即停止运动并呼叫老师　　B. 继续运动不做处理

C. 其他

22. 如个人突发运动损伤时，你会如何进行处理？(　　)

A. 立即自救并呼叫老师　　B. 呼叫老师

C. 等待同学呼叫老师　　D. 手足无措

E. 其他

23. 你自觉遵守体育课堂纪律吗？(　　)

A. 非常自觉　　B. 经常自觉　　C. 偶尔自觉　　D. 不自觉

24. 体育教学中，你自觉穿着运动服装参加体育运动吗？(　　)

A. 非常自觉　　B. 经常自觉　　C. 偶尔自觉　　D. 不自觉

25. 你会完成体育课堂练习的要求吗？(　　)

A. 一定完成　　B. 偶尔完成　　C. 不会完成

26. 你能够识别运动场地器材存在的安全隐患吗？(　　)

A. 能识别　　B. 有时能　　C. 不能

27. 你会正确使用运动场地器材吗？(　　)

A. 会　　B. 有些会　　C. 不会

28. 请对你个人的体育安全认知水平打分________。

(请打 0～100 范围内的任意整数值)。

29. 请对你个人的体育安全能力水平打分________。

(请打 0～100 范围内的任意整数值)。

30. 请对你个人的体育安全防范水平打分________。

(请打 0～100 范围内的任意整数值)。